Jochen Steffen

Da kanns auf ab

Kuddl Schnööfs noieste achtersinnige Gedankens un Meinungens

Hoffmann un Campe

Titelzeichnung von Niels Brodersen

CIP-Kurztitelaufnahme der Deutschen Bibliothek

Steffen, Jochen:
Da kanns auf ab: Kuddl Schnööfs noieste achtersinnige Gedankens un Meinungens / Jochen Steffen.
– 1. Aufl. – Hamburg: Hoffmann un Campe, 1981.
ISBN 3-455-08799-X

Schutzumschlag und Einband Jan Buchholz und Reni Hinsch
Gesetzt aus der Borgis Garamond Antiqua
Satzherstellung A. Utesch GmbH, Hamburg
Druck- und Bindearbeiten May & Co, Darmstadt
Printed in Germany

Inhalt

Vonnie Landsloite

Asso, Macker, ich un mein Natalje, wir stamm je noch aussie Zeit, wo wir inne Gewähkschaffsschugend gelähnt ham, dicke Büchers zu lesen. Du hascha dein Kopp nich dafüä, daß Akzel Cäsah seine fixen Jungs inne Bild sich *deinen* Kopp zerbrechen. Nich?
Un so, Kollege, bün ich auffe Frage as sochche geschtoßen, wieso einklich ein bairischen Pollitiker – den sein Name mich grade nich einfällt –, asso, wie grade den un ausgerechent auf den Trichter kam: »Wir sind die Deppen der Welt!«
Nee, nee, da komms nich so leich von ab, as mein Natalje. Ihr mach sich das leich. Natalje sacht: »Gleiches kann nur von Gleiches erkannt wern!« Nu komms du!
Abers, Macker, wenna sochche Frage – die scha as sochche keine Frage is, sonnern 'ne Tatsache –, wenn die in Raum schteht, denn kanns das nich machen as in Pallament. Da komms scha von so was ab, indem du sachs: »Sie? Sie wissen scha gahnich, was Sie wolln. Sie mit Ihr einäugiges Weltbild. Wir wissen auch nich, was wir wolln. Abers das mit alle Kraff un Geschlossenheit.«
Macker, die Frage bei düsse Tatsache ischa, wieso mußte ein Baier da auf komm? Un nich ein Schleswich-Holsteiner? Wo wir doch 'ne Hochleissunksrasse sünd! Da gib das nix zu grienen bei, Kollege! Wir Schleswich-Holsteiner, wir wern vekannt! Wir sünd die Schpanier des Nohdens. Weil wir so höflich sünd! Das weiß abers kein Aas. Nich ma du!
Wa'um?
Kuk, überall innie Welt, da sagen sie, wenn sie in 'ne richtich tollerante Diskuschon sünd: »Ich hau dir ein innie Fresse!« Oder so. Bei uns sagen sie: »Wiss du vielleich een an't Muul hemm?«
Kuk, wir fragen ihr vorher!

So wern wir vekannt. Un das ischa das Schickzal vonnie Schenies! Wir sünd Schenies, weil wir vekannt wern. Abers kein Aas weiß es!
Dabei steht das alles in Büchers über Heimatgeschichche. Asso, düsse Büchers, nich, die damalige Zeit die Dörpschullehrers geschriem ham, wenn sie mittas Kinnerverhaun fertich wahn. Hoite komm sie da auch nich mehr so richtich zu. Hoite müssen sie die Öllern an Nachmiddach düsses noimodsche Rechnen beibringen. Damit die das ihre Kinners beibiegen könn.
Wir Schleswich-Holsteiner sünd eine Hochleissunksrasse. Un as sochche eine bannich gemischte Gesellschaff. Das is, as wie bei die Hunne. Bei die sünd je auch die Promenadenmischungen die Schlausten. In uns meerumschlungene Heimat, da sünd bannich viele Schtämme un Rassen in rumpromeniät. Nee, nich die Flüchlinge! Viel früher! So gans damalige Zeit. Das wahn, asso, die Holsten, die Schlawen, die Jüten und – Macker, was das Faß die Krone ins Gesich sezz – die Friesen.
Die Holsten, Macker, das wa seit eh un scheh uns pollitische Klasse. Sie sizzen mang Eider un Elbe. Sie wern nach Ossen begrenz vonne Lienje Kiäl–Hamborch. Südlich stoßen sie, asso, auf die Hamborger. Da könn die Holsten nix für. Nich daß wir was gegen die Hamborger ham. Wir könn sie bloß nich vegessen, daß sie unsere besse Loite – as den Seeräuber Klaus Störtebeker – die Rübe abgehaun ham. So is düsses, was ich auffen Kopp hab, auch keine Helmut den Erssen-Müzze. Ihn trächt Elbsechler. Die hat'n hoogen Rand, mach'n hoogen Koop. Düsses is 'ne Eckernföhder Sprottenfischer-Müzze. Ohne Rand. Wir tragen unsen Dööz ehm so flach, asser nu ma is.
Die Holsten stelln uns ähfolchreichse Krieger, Pollitiker un Beampe. So wa uns Gauleiter Hinnerk Lohse – damalige Zeit – den Erfinner vonnas Agrahprogramm vonnie Enessdeapeh. Brechung der Zinsknechschaff. Blut un Boden, un steigende schtaatliche Fesspreise für'n steigende Produkschon. Bloß

mit die dausend Schahre ham sie sich 'n büschen verrechent. Relligjohn gut, Kopprechchen schwach. Weischa Bescheid, nich?

Aber, allns was rech is, es geht nix velorn. Alle Loite aus seinen Stab – Führunkspollitikers ham ja 'n Stab, nich, da sie nich alle die Fehlers selps machen könn, asso, alle düsse Loite, Holsten, die kam denn innie Landeskanzlei. Da wa nix mehr mit Blut un Boden. Da ham sie uns für die Bodenpreise bluten lassen.

Tschä, un denn die Schlawen. Die saßen össlich von die Lienje Kiäl–Hamborch. Die Schlawen sünd so was as die Polacken. Sie galten je ma 'ne Zeit lang as rassisch minnerwertich. Bis die da ohm da achter kam – inne dausend Schahre – dassie deutsche Fußballnazzenalmannschaff die von Schalke 04 wa. Un das wa je einklich die polnische Nazzenalmannschaff. Hoite ham wir nix mehr gegen die Polen. Hoite ham wir scha die Türken.

Unnie Holsten, die ham denn die Schlawen in längere Kriege as sochche befreit.

Sie ham sie befreit, von ihrn Glaum, von ihr Geld un von ihrn Boden. Die Holsten ham die Schlawen so lange apgemurks, bis die glaubten, daß Gott die Liebe is, un as Leipeigene ohne Lohn auffe Güta vonnie Holsten ahbeiteten. Seit damalige Zeit ham wir da Großgrundbesizz. Die Gegend vonnie Großgrund- un Kleinhirnbesizzer. Da hatte den Kahssens auch sein Wahlkreis.

Das zu uns pollitische Begabunk. Uns standhaften Karackter, modähne Alterssicherung und Schtaatsgesinnung ham wir vonnie Jüten. Das sünd Nohdgermanen. Sie sizzen vonnie Eider bis nach Kap Skagen.

Eigentlich sünd das Dänen. Abers das dahfs nich sagen, indem das den Volkstumskamf vonnie vekehrte Seite is. Wir müssen so tun, als ob das Doitsche sünd. Is doch so ähnlich, as wie bei Schalke 04. Damalige Zeit.

Abers dascha hoite allns vohbei. Hoite sünd wir alle

nohdische Europäers. Füä ihre Einheit wa schon Hinnerk Lohse. Den Holsten.
Die Jüten spahten sich ihre Alterssicherunk nich zusamm. Nee, du, dascha 'n böses Stück Ahbeit. Sie sezzen sich auf ihre Schiffe un nahm die Englänner un Iren die ihr Äspahtes ab. Sie wahn, asso, auch schon damalige Zeit Entwicklunkshelfers.
Von Schtaat hielten die Jüten rein gahnix. Sie sachten: »Was brauchen wir 'n Schtaat? 'ne Räuberbande sünd wir selps.« Un, rechlich gesehn, regelten sie allens auffas Thing. Wassa nich zu regeln wa, wurde in Zweikamf ausgestoßen. Wen dabei doot ging, hatte ehm Unrech. Auch hieä, ganz modähn.
Was überbliep, wa 'ne Leissunkselite, hervorgegangen aussen Kamf ummas Dasein.
Un Loite, die das denn mit ein sittlichen Anstrich vesehn, die gab das auch bei die Jüten.
Außäohntlich wichtich is die Jüten ihrn Beitrach zu uns schleswich-holsteinischen Karackter. Ihm billet, gewissermaßen, den Binnestrich in das ganse Duchenein.
Die Jüten, Macker, sünd standhaff. Du glaubs gahnich, wie!
Asso, die Dänen, nich, die Dänen sagen vonnie Jüten: »Ers wenn innie Stuämflut das Wasser mit 'ne Woge über die Schwelle getreten is, denn tritt den Jüten vor die Tür!« Nu komms du!
Un wenn schon keinen weiß, was den Schleswich-Holsteiner fürn Schenie is, so weiß ers rech keinen, was die Friesen für 'n doitsche Karackterrolle spieln.
Macker, da kanns an sehn, wie das zugeht innie Welt. Die Friesen wahn jümmer die Süschtemerfinners der Doitschen. Abers keinein weiß das. Dafüä erzähln sie über die Ossfriesen so dösige Wizze, daß selps die Bayern da über lachen könn. Debei hatten die Friesen den *Kapptalismus* schon erfunnen, bevor es ihn richtich geben tat. Sie wahn ihre Zeit ümmer Schahrende voraus. So auch hieä. Wa'um? Weil die Friesen zwei Tatsachens seit eh un scheh klah innie troidoitsche Pupille gekuk ham.

Erssens: Fremmes Geld in eichne Taschen is besser als eichnes Geld in fremme Taschen.
Zweitens: Eichne Ahbeit bring an meissen ein, wennu dich damit die Ahbeitsergebnisse von annere Loite aneichnen tus. Da'um ham sie sich schon in frühesse Zeiten auf Seeräuberei un freien Schtrandgang geschmissen. Un innie Kirchen ham sie gebetet: Gott sechne dem Strand! Das heiß: Laß Schiffe scheitän!
Asso, auf Sylt, so bei Hörnum, machen sie ab Windstähke siehm bis ach verkehrte Feuers an. Die Kapptäne dachchen, sie solln sich danach richten. Abers wenn sie das taten, wahn sie in Mors. Indem sie strandeten. Kam denn sonnen brüchigen Schiffer angepaddelt, holten die Friesen ihm raus, nahm ihn sein gollene Uhr ab, hauten ihn ein vorn Dööz un schmissen ihn wieder rein. Un alles, was ankam, hörte die Friesen zu. Frie is de Himmel, frie is de See, frie is de Schtrandgang annie Hörnumer Ree!
Das wa bei Hörnum, Macker! Da, wo Akzel Zesah Springer hoite sein Willah hat. Von die Gegend sünd damalige Zeit schon falsche Signale von ausgegangen.
Da siehs an, Macker – mit das Gebet: Gott sechne den Strand! ham die Friesen – drüttens – schon lange voä die Modähne 'ne Räuberwirtschaff in krißliche Gewänders vepackt.
Un as den Bismarck, den pommerschen Pomuchelskopp den, düsses Gebet unnie Prackzis veboten hatte, nich, du, da ham die Friesen – viertens – den aufgeklärten Kapptalismus erfunnen. Kenns ihm schon, nich? Den aufgeklärten Kapptalismus sezz die froidige Zuschtimmunk des Ausgeboiteten bei die Ausboitunk voraus. Da'um ham die Friesen sich auffen Fremmvekeä geschmissen. So is, asso, Fremmvekeä un aufgeklärten Kapptalismus die Fohtsezzunk vonnie Seeräuberei unnen frein Schtrandgang mit annere Mittels.
Düsses friesische Süschtem hääscht hoite überall innie Welt. Du denks, du räubers mit. Dabei wirste beräubert.
Nu komms du!

Vonnie biologische Subschtanz

Krischan Buer lechte seine Hand auffen Tisch, dassie Teepunschtassen inne Gahdinens bummelten. »Unnern Kaiser«, sacht Krischan, »mit schwahz-weiß-rot über alles, da wahn wir Bauern für die Produkschon von Schwahzbrot un Rekruten zustännich für. Innie Süschtemzeit unner die Fahben schwahz-rot-senf, da ham die schwahze Internatschenale – die Katheliken – die rote Internatschenale – sonne Kommenissen un Mahkzissen, as wie du – unnie gollene Internatschenale – die Großbanken unnie Freimaurers – uns Bauern as Fußmatte un Spucknapf benuzz. Un achter alles schteckte den Schuden as sochcher. Was man hoite je nich mehr sagen dahf. Denn kam den Hitler. Un da wahn wir wieder für Schwahzbrot un Rekruten zustännich. Denn kam 'ne noie Süschtemzeit. Da ham sie uns ers bahfuß innie Ehwehgeh gejacht. Un danach ham sie gesacht: Wir solln für 'n Mahk produziän. Wir sünd Unnernehmers. Kanns du roden Schietbüddel mir vielleich sagen, was das nu wieder is?« Nu komms du!

Krischan sein Stina sacht zu mein Natalje: »Ochottochott«, sacht sie, »nu sünd die Mannslüüd wieder bei die Polletik. Komm, Natalje, wir gehn innie Küche un machen das Vebandszoich klah. 'n Krankenwagen könn wir je ümmer noch antellefoniän, wennas so weit is.«

Düsses, Kollege, gab mich zu denken. In schunge Jahre bün ich für die demekratische Repeblik vertobackt worn. Von Loite, die mir nach fümfunvirrsich verklickert ham, was Tolleranz is. Glaubs du vielleich, in meine alten Tage bün ich schahf da auf, as Veteidiger vonnie Mahkwirtschaff ein innie Wäsche gefeuert zu kriegen?

»Tschä, Krischan«, sach ich, »mittels deinen Wahlzettel as sochchen has du dir je selps für alles düsses entschieden.

Nich? Du büs nu Unnernehmer!« – »Nöö«, sacht Krischan, »ick bün Buer!«
Nu komms du!
Ich sach: »Krischan«, sach ich, »glaub mich das, du büs zu einen agrarischen Unnernehmer ernannt worn!« – »Tschä, und?« sacht Krischan. Ich sach: »As ein vonnie lütten Unnernehmer«, sach ich, »has du die Schangse, as Meilenstein an Wege des Fohtschritts vonnie Mahkwirtschaff zu stehn.« – »Wie denn sochches?« sacht Krischan. – »Indem du as Unnernehmer pleite gehn kanns«, sach ich. Krischan sacht: »Abers grade das will je keinein«, sacht er, »ich schon gahnich!«
Ich hab ihn denn verklickert, daß 'n Ahbeitslosen sich auch was Besseres vorstelln kann, as holen sich sein Kleingeld bei Stempelmann un Söhne ab. Un daß 'n lütten Kaufmann un Handwerker je auch nich mit 'n froidiges Hallelujah geschäfflich übern Jordan gehn tut. Dasses aber 'n Gesezz vonnie Mahkwirtschaff is, dassu zu 'n bestimpen Preis bloß so viel vekaufen kanns, assu Dußliche finnes, die dich den Schiet da abnehmen für. Un daß nachas krißliche Sozealgesezz die Großen die Lütten fressen. Ich hab, as den Grafen Lambsdohf, blots so mittie Mahkgesezze um mir rumgeschmissen, wenner mich as Gewerkschaff veklickert, daß ich weniger kriegen soll, weil die Unnernehmer mehr behalten wolln. Asso, daß es ehm ein Mahkgesezz is. De Dübel schitt oppen groten Hupen, un den Lütten beißen die großen Hunne. Dasses sich um süschtematische Gesezze as sochche hanneln tut. Krischan sacht: »Schiet an sonne Gesezze!« Nu komms du!
Krischan sacht, dasser so was nich gewählt hat. Un wenn doch, denn hat ihn sich nich in einen falschen Irrtum in befunnen, nee, denn ham sie ihn beschissen! Ob ich vielleich glaube, daß ihn so hohe Zinsen wählen tut, daß da ers die Büx bei flöten geht, un sie ihm furts bein blanken Mors kriegen? So dösich is ihm nich. »Noilich hat ein erklärt«, sacht

Krischan, »daß wir uns auffie geschichlichen Kräffe vonnas Blut besinn solln! Das isses!« Nu komms du!
Ich hab gefracht: »Is düssen Kollegen Trockenrasierer?« Krischan sacht, den Macker rasiät sich naß. Un noch mit Messer. Gans alte Aht. Ich sach: »Wenn es so is, Krischan«, sach ich, »vegiß es! Den Macker schneidet sich debei un veliät Blut. So geht doch keinen mit seine geschichliche Kraff um!« Krischan sacht: »Nee, nee«, sacht er, »Kuddl, nich auf düsse Tuhr. Wir Bauern as sochche sünd nich mit 'n Heringsbändiger oder 'n Schuster zu vegleichen. Bei uns steck da noch ganz was anneres achter.« – »Süh, so«, sach ich, »was denn?« – »Bei uns«, sacht Krischan, »geht es ummie biologische Subschtanz!«
»Wassen das?« sach ich.
Krischan sacht: »Das is was«, sacht er, »das über deine paa Gesezze weit über hinausgehn tut. Kuk ma, as ich damalige Zeit bein Reichsnährstand wa, da wa ich in Tirol auf sonn Einödhof. Die hatten knapp was innie Suppe zu krümeln. Enne Auguss lach da schon Schnee. Die wahn so hungrich, dassie den Kitt aussie Fensserscheim pulten un vor Durss fraßen. Abers, wenn ich auffen Hof kam, nich, denn sprangen mich so Stücker achzehn, zwansich Gören entgegen. Wahn nich all ehelich. Abers alle blond un blauäugich. Kuk, Kuddl, das is biologische Subschtanz!«
Nu komms du! Ich hab innie Küche gebölk: »Alles reinkomm, Polletik is vorbei. Wir sünd bei die biologische Subschtanz. Un beide unverlezz. Außerlich wenichssens.« – Natalje sacht: »Biologische Subschtanz«, sacht sie, »kanns dir da was für kaufen?« – »Das grade nich«, sach ich, »abers es tröstet ungemein gegen zu hohe Zinsen.« – »Un notfalls«, sacht Krischan, »ham wir je auch noch den Kahssens annie Schpizze. *Alles* kann ihn je nich vegessen ham!« Nu komms du!

Vonnas liberal-sozeale Modell

Öih, Macker, du, mit mein Natalje habbich in Momang 'n böse Lass. Sie is nu patuh gegen das liberal-sozeale Modell Doitschland. Natalje sacht, dassas Sozeale bei uns ers denn komp, wenn die da ohm sich den Rachen so vollgestopp ham, dassie uns unten was abgehm *müssen.* »Denn sons«, sacht Natalje, »könn sie an uns nix mehr verdien, indem wir sie den Schiet nich mehr abkaufen könn, den wir für sie mit unse Ahbeit hergestellt ham!« Nu komms du!
Nee, du, höä ma zu. Das is noch lang nich allens! Du, mein Natalje sacht sogah, dassie Demonschtranten gegen den Schah in Pähsien Rech ham. Natalje sacht: »Solln die ahmen Schweine vielleich noch hunnert Schahre auf das Sozeale töfen«, sacht sie, »denn so lange dauert dascha, bis die da ohm in Pähsien liberal den Rachen voll ham! Denn bekuken die annern sich scha schon längs die Radieschen von unten.« Sie hat sogah gesach, dasses für uns Zeit wird un schnacken pähsisch! Da denk dir ma rein.
Da stauns Bauklözze, wa, Macker? Un weiß, wovon assas komp? Das komp davon, daß Natalje das Sozeale in unse Vefassunk gans wohtwöhtlich nimp. Du, wenn das noch mehr machen, so as mein Natalje, du, denn gibb das 'n mächigen Rabazz in Kettenkassen. Wa'um? Das frachs noch, Macker? Man inne Tünn, denn wird das bei uns so sozeal, daß den Graf Lambsdohf un den Springer nich mehr liberal bleiben könn. Denn die da ohm, Macker, brauchen 'ne Menge Kies. Nich für das Sozeale. Sie müssen sich doch düsse lütten Mikroprofessoren kaufen. Tschewöll, düssen lütten Klapparatismus, den uns die Ahbeit wechnimp. Sonn Mikroprofessor is ein ersklassich liberalen Ahbeiter. Ihn ahbeitet un kann sich nich gewerkschafflich ogganisiän.
Asso, Macker, mein Natalje recht sich bannich da über auf,

dassie die Flicks liberal 'ne Milljahde Mahk an Steuän schenken. Sie sacht, dassis 'ne Masse Geld. Da muß 'ne alte Frau lange für stricken. Sie sacht, da kanns zwanzichdausend Lehrers in Schahr bezahln. Natalje sacht: »Nachas Grundgesezz«, sacht sie, »sünd wir alle gleichberechtichte Bürgers. Nu man los, Kuddl, hin zus Finansamp. Laß dich bei die Lohnschteuerrückzahlunk 'ne Milljahde auszahln.« Nu komms du!

Habbich sie auch gesacht, Macker. Da muscha ersma 'n paa Milljahden Kapptal ham, nich? Un denn, soviel Milljahden Mahk ham wir je gahnich, daß sie uns alle was gehm könn.

Ich sach: »Natalje«, sach ich, »woher nehmen un nich stehlen?« – »Süh, so«, sacht Natalje, »ham sie das bei die Flicks auch gefracht?«

Natalje sacht: »*Genau das* isses scha man. Innie Vefassunk sünd wir alle gleichberechticht. Aber vors Finansamp, da ham die Flicks mehr Rechche. Das soll liberal-sozeal sein?« sacht sie. »Das is ein ungerechchen Beschiß.«

Nu hatte ich da 'n banniges Stück Ahbeit mit, Natalje zu veklickern, dassas Liberal-Sozeale diesbezüchlich da in zu sehn is, daß Flick das Rech auf Eigentum hat un ich hab das Rech auf Ahbeitslosenunnerstüzzunk. »Abers all düsse Rechche«, sach ich, »die müssen scha bezahlt wern, nich. Für Flick sein Kapptalertrach un meine Ahbeitslosenunnerstüzzunk, da muß *ich* ers ma mit meine Flossen für malochen. Ehmso für meine wohlähwobenen Steuern. Denn *ein* muscha dafüä ahbeiten und bezahln, daß den Schtaat die Lehrers bezahln kann. Damit uns Kinner nich so dösich bleim, as wir es nu ma sünd.«

Da hat Natalje gesacht, ihr weiß nu, was liberal-sozeale Koalitschon is. »Helmut den Erssen«, sacht sie, »schenk die Flicks 'ne Milljahde. Das is das Liberale. Un du, Kuddl Schnööf, ahbeites, dassie Schwahte knacken tut, un du berapps die Steuän. Das is das Sozeale. Helmut den Erssen un Kuddl Schnöff Ahm in Ahm, Backe an Backe as den olln

österreichischen Doppeladler, für das liberal-sozeale Modell Doitschland.« Nu komms du!
Ich hab ihr denn verklickert, Macker, dassu das mit das Liberale – wolln ma sagen – nich so eng sehn kanns. Kuk, ich bün da selps schuld zu, daß ich nich Flick bün. Das wa scha meine eichne Unfähichkeit zu Leissunk. Keine Leissunk – keine Milljahden. Ich hab mich die vekehrten Eltern ausgesucht. »Un denn«, sach ich, »geht es beis Liberale je *auch* da'um, dassu düsse deine Gesinnunk ham dahfs. In Momang wirs mit die kein Lokometivführer. Da kämf die Pahtei scha für.«
Ochottochott, Macker, da hatte ich scha 'n Faß angestochen. Natalje sacht: »Wenn die da ohm ers kapiän, was liberal *auch* is, wenn sie Böhgermeisser von Hamborch sünd, denn dauert das bannich lange mit das Kapiän. Die weckzeln je ers alle vieä Schahre. Is scha 'n Ewichkeit, bis alle duch sünd.«
Natalje sacht: »Ich wollte ihr sche ma wäln«, sacht sie, »as ich lesen tu, daß uns Obäveteidiger – den Hans Apel – ein Antimillitarissen un Pahzefissen is. Doch noch 'n Sozi bei. Denk ich. Abers, da hätt je auch 'n Uhl seeten. Stimp je gahnich. Hat den Conrad Ahlers uns je schrifflich gegehm. – Un denn«, sacht Natalje, »brauchs je auch nich ers Böhgermeisser von Hamborch wern, zu begrabbeln, was liberalsozeal und Stamokap is.« – »Das soll mir ma velangen«, sach ich. »Kuk mir an. Ich weiß as!« – Natalje sacht: »Stamokap is das Kap vonnie gute Hoffnung für alle die Flicks un heiß: Stamo-kap: *Staat*liche *Mo*neten *Kapp*tulatschon!«
Macker, nu komms du! Glaups auch an Rabazz in Kettenkassen?

Vonnas ahbeitende Geld

Öih, Macker, du, wennu ersma zuviel Geld has, denn has du ers richtich Sohgen. Düsses Geld muß ahbeiten. Un du has bannich Ahbeit damit, die Stelle zu finnen, wo düsses Geld fix ahbeiten kann. Deine Sohgen sünd das nich? Tööf man ab, Macker. Deine Sohge is das *noch* nich. Noch ahbeites du für Lohn. Un dasses Geld von den noch mehr wird, den nu schon zuviel davon hat.

Aber Kollege, düsse Lohnschklaferei as sochche dauert nich mehr lange. Wa'um? Innas lezze Schahr sünd bei uns die Milljonäre zehnma so doll angewachsen assie Bevölkerunk. Unnu denk ma nach. Das soll so weitergehn. Un denn sünd wir beide – so übern Daumen in zehn Schahre – auch Milljonäre. Müssen wir je sein. Bei sonn Wackstum.

Un so gesehn, betreim wir 'ne vorausschauende Sozealpolletik. Indem wir die ausgesteuerten Ahbeitslosen unnie Ahbeiterwitfen so bezahln, as wenn sie hoite schon Milljonäre wärn.

Asso, ich lähn hoite schon, as wie man zu vieles Geld ahbeiten läß. Bei mein angeheiraten Neffen Schonn, den Schrotthändler. Den hat hoite schon die Sohge, wo sein zu vieles Geld, wassie Steuerberaters vors Finansamp gerettet ham, was das ahbeiten soll. Ich un mein Natalje helfen Schonn bei düsse Ahbeitsplazzsuche. Is gans intressant.

Schonn is kein Kapptalissen alter Aht. Die gingen je über Leichen, ohne sich was da zu denken bei. Schonn denk sich was dabei. Er sacht, Ahbeitslose sünd schlecht, sacht er. Ersma fehlt ihre Kaufkraff, un da'um geht den Absazz trüch un es gibb weniger Schrott. Wennes so weitergeht, sacht er, wird womöchlich auch noch den Rüssunksschrott knapp. Un das ischa grade sein besses Geschäff. Nee, du, Schonn hat ein sozeales Gewissen. »Kuddl«, sacht ihn ümmer, »Kuddl, du brauchs kein Angs ham un wern ahbeitslos. Ich stell dir bei mir ein. As Plazzahbeiter. Den annern schmeiß ich raus!« Aber 'n Ahbeitsplazz für Geld is gahnich so leich zu finnen, du. Wen ein Milljonär wern soll, sorcht sich beizeiten. Natalje hatte 'ne Ideh. Sie frachte, ob Schonn nich 'n akkeholfreien Konnjack herstelln kann. Indem ich ümmer nach 'n Besäufnis 'n Kopp assen Eimer un Augen as 'n belgisches Riesenkanikkel hab. Abers Schonn sachte, Konnjack ohne Akkehol ischa as wie 'n Beähdigunk ohne Spaß. Denn mach je kein mehr mit.

»Is auch nich meine Brangsche«, sacht Schonn, »ich bün Schrotthändler. Schusser, bleip bei deine Leissen. Ich denk da mehr an uns doitsch-ahmtlännisches Kultuäähbe. Da hat sich in Lauf vonnie Schahunnerte allerhand Kultuäschrott angesammelt. Den koss nix. Abers man müßte ihn gut vekaufen könn. Ich mein, wennu as Terroriss schon Aptuä un Unnität ham muß, denn muss du doch as Bereitschaffspolleziss wenichsens die Fillesofie der Freiheit un Gandhi seine Lehre vonnie Gewaltlosichkeit behääschen. Oder wie seh ich das? Kuk, da ham wir auffie eine Seite Göthe un Simmel, die wahren Geschichen für 'ne Mahk, Ganghofer un Friedrich von Schiller«, sacht Schonn, »un auffie annere Seite ham wir das Volk, das von alles düsses nix weiß. Rein gahnix, weiß es da von ab. So ham wir'n großes Angebot un – annerseits – ein unerhörten Bedarf, den bloß geweck wern muß. Wir müssen den Wecker finnen. Un denn wird das 'n dolles Geschäff.«

Natalje sacht, daß an besachten Zustand die haupamplichen Kultuävermittlers an Schuld sünd. Die vemitteln dich höchsens eingeschlafene Füße. »Denk bloß ma annie Sennungen in Pantoffelkino übä Litteratuä«, sacht Natalje, »da fracht ein Raddatz mehr, as zehn Weise beantwohten könn. Unnie Schriftstellers ers! Die knöken da über sie ihre Anliegen rum, dassu dir frachs: Wie soll ein aufschreim können, was er nichma sagen kann.

Un denn ers die Sachverstännigen unnie Kritikers«, sacht

Natalje, »die gehn je mit 'n abschreckendes Beispiel voran. Die sabbeln da über rum, was den Dichcher da mit sagen wollte, dasser da nix zu sachte. Die machen aus 'n Pausenzeichen ein ganses Wöhterbuch. Ich mein, wenn den Profeten, damalige Zeit, gesach hat, alles Fleisch is Heu, so is nich scheden Gras ein Butt. Da brauch ich doch nich noch sonne Döösbaddels für. Schließlich weiß mein Büx: eine Schwalbe mach noch keinen Sommer. Voä alle Dinge denn nich, wenn den Sommer 'ne Meise hat. Oder, denk ma an den Walden. Den ischa einklich ein Adligen. Aber Adel veflichchet, da'um is ihn liebä böhrgerlich. Was du erähp von deine Väter, erwirp es, ummes zu besizzen. As bei Walden die Ähwähbunk von Besizz losgehn sollte, hatter sich auch noch prolletarisch krank schreim lassen. Nee, geh mir los mit die Kulltuäfunkschenäre!«
Da wa Schonn mit mein Natalje ganz eine Meinunk in. Die Kulltuäfunkschenäre, sacht Schonn, sünd die Wunne vonnes Übels Kern. Da hat mein Natalje mitten Finger innie richtige Kerbe gehaun. »Kulltuäfunkschenär«, sacht Schonn, »dascha as wie Zwischenhannel mit fremmes Eigentum. Wo überhaup von Zwischenhannel nix besser, sonnern bloß teurer wern tut!« Da'um will Schonn mit seine Kulltuä strategisch ummie Funkschenäre rum un direck annas Volk ran. An bessen geht das mittels den Film. Sacht er.
Ihn hat bloß noch kein Stoff, den sie auf Zelluleud so auswalzen könn, daß den Schtaat düsse freie Kunss mit Steuergellers orntlich unner die Ahme greifen tut. »Die Kunss geht nich mehr nach Brot«, sacht Schonn, »die Kunss geht hoite nach schtaatliche Supwentschon. Wennu die hass, komp das kalte Büffeh gans von selps.«
Abers, ehm as wie gesacht, wo ein Wille is, is noch lange kein Filmstoff. Wir ham lange gesuch. Büs netürlich ich was finnen tat. Ich sach: »Loite«, sach ich, »wir nehm das Lehm des ungelähnten Bauahbeiters un Gammlers Jan Christiansen! Statt bei sein Vadder innie Wähkstatt 'n orntliches Handwähk

zu lähnen, kritisiät ihn überall rum un behaupet, dassie Lehrers alles autoritäre Farisäers sünd. Später is ihm dicke Tinte mit Nutten. Un innie Schugendtreffs hezz ihm die schungen Loite auf. Die da ohm, vor alle Dinge die Juschtiz, mach ihn ganz bannich madich. Die Kinner solln sich gegen die Öllern erheben un alle solln ihr Lehm gans raddekal ännern, indem den Menschen sons die größe Umweltbelassunk is. Unnas Döllste: ihm sacht, daß alle Vemögen veteilt wern solln. Wascha 'n bannigen Krach gehm tut, mit alle annern. Kuk, Loite, das is 'n Filmstoff. Viel Stachoi, Äkschen, Rabazz un Gegeneinanner auf in. Den Titel von Film habbich auch schon. Ihn lautet: Wir ham alle ma lütt angefangen!«
Du, ich denk, nu sünd die beiden begeissert. Aber nee, nich die Spur einer Bohne. Die sind gegen mir los, du! »Dascha keinen Film«, sagen sie, »dascha wie in Leben!«
»Du wiss mir woll geschäfflich ruiniän«, sacht Schonn, »bei sonn obstinatschen, ungelähnten Bauahbeiter, den auch noch die Vemögen veteiln will. Wo soll denn da die Kulltuä ableim unnie högeren Werte? Da kriech ich doch keinen Fennich vonnie Filmföhderunk für. Dascha glatten Vefassunksbruch un kommenissische Volksaufhezzunk. Du bischa schlimmer assen Wahlkämfer. Du bischa 'n echchen Kulltuäschädlink, du Schmeißfliege!«
Ich wa tetal vedattert un sach ganz lütt: »Asso, Loite«, sach ich, »ich dachte man blots an 'ne modhäne Vefilmunk vonnas Lehm Jesu!«
Nu komms du!

Vonnie doitsche Einheitsfront auf polnische Grundlage

»Natalje«, sach ich, »wir lehm in eine hääliche Zeit. In den Momang, wo sich die doitsche Pahteistämme zutiefs uneinich daüber sünd, wen die sölbe Polletik as Regierunk verkehrt ausführn soll, da einicht die polnische Ahbeiterklasse uns Schattenbockser aller Richtungen auf die gemeinsame Lienje von 'ne demokratische Diktatuä des Prolletarjats. Die polnische Revolutschon triff die doitsch-nazzenale Zwietrach mitten im Hääz. Noch nie ham so viele Doitsche die Hääschaff vonnie Ahbeiterklasse berühmp. Nee, daß ich das noch belehm dahf! Natalje, hol mich 'n großen Löffel. Ich muß mir in stahke Rührunk versezzen.«
Natalje sacht: »Du brauchs kein Löffel«, sacht sie, »Kuddl, du brauchs 'ne Brille. Du siehs das nich richtich. Die Doitschen wolln sich polnisch *innerlich* links erheben, abers *äußerlich* doitsch rechts liegen bleim. Unse polnische Wirtschaff bleip in ihre doitschnazzenale Ohdnunk. Mit sozeale Pahtnerschaff, wo den Gechner oben, die Klasse unten schaff.«
Nu komms du!
»Natalje«, sach ich, »du übersiehs die großen Verännerungen. Die Polen sünd für uns keine minnerwertige Rasse mehr. Da ham wir nu die Türken, Wiehtnamesen un Afgahnen. Ferner: die Vetriehmenverbänne spezialisiän sich auffie nazzenale Wiederveeinigunk, indem unner düsse Umstänne innie velorne Heimat den Großgrundbesizz nich wieder herzustelln is. Unnie Haupsache: gemäß die polnische Revollutschon beschtet 'ne doitsche Gemeinsamkeit in folgende Punkte:
- In uns Gewähkschaffen bestimm nu die Mitglieder die pollitische Lienje.
- Düsse Gewähkschaffen bestimm die Rentenpolletik.

- Ahbeiterrenten wern die Pension eines Leiters des Lannesampes für Vefassunksschuzz angepass.
- Die Gewähkschaffen kontrolliän die Wirtschaffspolletik von Schtaat un Konnzähne un innie Betriebe.
- Radio, Fähnsehn un Springer ham die Gewähkschaffspositschonen voll un ohne Fälschunk zu vebreiten.
- Lezzen Punk: All düsses erfolcht unner Annerkennunk vonnie Unfehlbahkeit vonnie katolsche Kichche in Glauhmsfragen – da hört, netürlich, die Höhe vonnie Schtaatsveschullunk zu – unner Anerkennunk vonnie Heilichkeit des prifaten Eigentums, so weit es nich auf Diebstahl beruhen tut, un – nich zulezz – unner Anerkennunk vonnie verführende Rolle der Pahtein.

Natalje, das is nach die Wohte von hoite, die doitsche pollitische Einheitsfront von mohgen auf polnische Basis.«
Natalje sacht: »Düsse Einheitsfront«, sacht sie, »komp sofoht zustanne, wenn du das hieä fohders. Gegen dich unnie Fohderungen. Düsse Einheitsfront reich von A büs Zett. Von Ahbeitgeberverbänne, über Pateih un Gewähkschaffsvoästänne büs Zett – wie zentralisiätes Kapptahl. Das is denn 'ne Einheitsfront gegen die ahtfremme polnische Wirtschaff, zu Aufrechähaltunk von wohläwohbene Abhängichkeit.«
Asso, Macker, nu ma ehrlich! Isses vielleicht möchlich, daß bloß ich die polnische Ahbeiterklasse nich richtich vestannen habe?
Nu komms du!

Vonnie Kwizze

Öih, Macker, richtich, für die Unnerhaltunk in Fähnsehn, kanns bloß noch schwahz für sehn. Innie Kwizze ischa nix Noies mehr in. Da hat ein Kollegen den annern so lange beklaut, dassie nu alle die gleichen Maschen ham. Ungelöss is einklich blots noch die Frage, wofür die Sennunk XY ungelöst gut sein soll. Außer für sie ihrn Macher.
Abers uns Neffen den Pörzi, den scha ein schtudiäten Kopp is, ihm hatta nich bloß Gedanken in, ihm kann sich selps welche machen. Pörzi hat 'n gans noies Kwizz. Gans einfach. Er sacht: »Das Entleihen vonnie Idehn«, sacht er, »dahf nich bloß von ein Master zun annern Master machen. Man muß düsse Aht von geissige Anleihen ins Kwadraht erheben. Und denn noch 'n büschen Polletik un Demekratie-Sennungen mit bei. Un schon has ein gans noien Kwizz.«
Is gahnich kompliziät, Macker. Asso: *die Fragen* stelln die Spielers selps. Un denn hat scheden zwei Antwohten. Eine mündlich, eine schrifflich. Wenn keine Antwoht 'ne Abstimmunksmehrheit finnen tut, denn wird ausgelos, wen seine schriffliche Antwoht die Besse is.
Asso, Macker, richtich un falsch gibb das bei 'ne Antwoht nich. Ich sach doch, Pörzi hat auch was *vonnie pollitischen Sennungens* ausgeliehn! Hieä von »Schurnalissen fragen, Pollitikers antwohten«. In unsern Kwizz is blots anners, dassu auffie Frage, asso, wolln ma sagen, *konkret* auf antwohten *muß*. Sons wirs diskwalifiziät.
Paß ma Obach! Kriss 'n Beischpiel as sochches. Ersma einfach. Asso, Natalje fracht: »Wozu ham wir ein Vefassunksschuzz?« So, nu schreips 'ne Antwoht auf ein Zettel un lechs ihn umgedreht auffen Tisch. Un denn getes mündlich los.
Pörzi sacht: »Wir ham ein Vefassunksschuzz, damit die

Rechte ümmer weiß, was die Linke tut!«
Ich sach: »Wir ham ihm, damit die Linke sich keine Rechte rausnimp.«
Natalje sacht: »Damit wir was in pettoh ham, was die Vefassunk vor die Vefassunksrichter schüzzen kann.«
Abstimmunk. Pörzi un ich finn mein Natalje ihre Antwoht an bessen. Siegespunk für Natalje.
Noch 'n einfaches Beischpiel as sochches.
Pörzi fracht: »Was is Atommüll?«
Ich sach: »'ne Neuauflage vonnie alte Tatsache, dassa achtern ümmer was anners rauskomp, as du vohne in den Klapparatismus reingesteck has.«
Natalje sacht: »Atommüll is, was wir nich ma in den Butterberch begraben dürfen, indem das Fett oben schwimmp.«
Pörzi sacht: »Atommüll is der Beweis, daß unsen technischen Fohtschritt ein menschlichen Fohtschritt is, weil ihm in kollektife Himmelfaht ennen tut.«
Abstimmunk. Pörzi kricht den Siechpunkt. Un ich krichte 'ne einstimmige Vewahnunk, indem ich mit meine Antwoht zu nahe bei 'ne Unsittlichkeit lach.
Tschä, vielleich erzähl ich auch noch, wo ich Sieger bei wa.
Natalje fracht: »Wa'um komp Helmut den Erssen«, sacht sie, »nich auch ma bei nohmale Loite zun Essen einzuladen. So, as es sein französchen Froind – wie heiß ihm noch? – Tschüsskaht das macht?«
Pörzi sacht: »Weil 'ne Tischrunne bei Tante Natalje«, sacht er, »keine Kabinettsrunne is, hieä könnte ihm ma an Verkehrten komm.«
Ich sach: »Weil es zu ein Essen gahnich ers kommen täte, indem Schmidt in düssen Fall das ganze Krisenmänätschmang in Gange sezzen täte, *bevor* was angebrannt is.«
Natalje sacht: »Es komp kein ein zus Essen, weil es unbedink Krach gibb, wenn ein dabei is, den inne Unnerhaltunk allns besser weiß assie annern Gässe.«

Asso, Macker, Sieger innie Apstimmunk: Ich! Trozzdem Pörzi, den Bengel, bei seine Antwoht je ganz unveschämp mit die Wurs nachen Schinken, asso, nach Natalje ihre Stimme, geschmissen hatte. Nu ma ein kompliziäten Fall, nich.
Pörzi fracht: »Wa'um ham sie sonn Film as Hollokohs ers im Schahr neununziepzich gezeicht?«
Natalje sacht: »Damit die Doitschen zeigen könn, dassie schon wieder so viel Moral angesammelt ham, daß sie sich über die Siegermächche, die da auch nix gegen getan ham, so richtich moralisch entrüssen könn.«
Ich sach: »Damit wir all die Böcke«, sach ich, »die wir nach fünfunvirrsich zu Gähtners gemach ham, nach ihre Pankzionierung wieder von Gähtners zu Böcke machen könn.«
Pörzi sacht: »Den Film wurde gezeicht«, sacht er, »damit Strauß unse enohme wirtschaffliche Leissunk gegen die kommenissische Unterwanderunk veteidigen un auch Stalin as doitschen Möhder entlahfen kann.«
Bei düsse Apstimmunk krichte keine Antwoht die Mehrheit. Scheden hielt seine eichne Antwoht für die besse. Da wird denn ausgeknobelt, wen seine schriffliche Antwoht vorlesen dahf. Den krich denn den Siegespunk. Das wa Natalje. Sie sacht: »Den Film wurde nu gezeich, damit die Doitschen da nich übä simeliän, was die Nazis *noch alles,* vor un nach die Machergreifung, gemach ham.«
Tschä, das ging denn noch 'n ganses Enne so weiter. Asso, ich weiß noch, was *Finnlandisierung* is. Finnlandisierung is, wenn ein durch die Schuld der Doitschen auch den lezzen Kriech velorn hat, abers sich nich das Süschtem von seine Siegermach aufdrücken läss.
Un denn weiß ich noch das Enne von unsen Kwizz. Es kam wegen den noien Paps. Wolln ma sagen, es kam wegen ihn, abers mehr indireck, nich? Das hat 'ne Aussage vonnen Paps scha meis so an sich.
Ich frach: »Was is 'ne gemäßichte Polletik?«
Natalje sacht: »Ne Erfinnung von mäßige Pollitiker.«

Pörzi sacht: »Nur bei unmäßich viele Maß Bieä zu ertragen.«
Ich sach: »Das is 'ne umgekehrte Papsreise nach Südamerika!«
Natalje sacht: »Wieso?«
Ich sach: »Den Paps«, sach ich, »stellt ersma klah, daß du die mächtigen Ausbeuters ohm annie Schpizze nich mit Gewalt annie Wäsche dahfs. Un denn sacht er, dasser für sozeale Gerechtichkeit is un dafüä beten tut.«
»Tschä und . . .?« sacht Pörzi.
»Dösige Frage«, sach ich, »indem gemäßichte Polletik umgekehrt is. Die sacht ers, dassie für sozeale Gerechtichkeit is. Un denn sacht sie, daß da nix aus wern kann, weil sons die Ausbeuters da ohm dich mit Gewalt bein Wickel kriegen!«
Da ham sie mir einstimmich diskwalifiziät. Indem ich meine Antwoht, was gemäßichte Polletik is, ers erklärn mußte. Ich hab gesach, daß da sons kein Aas da achter komp, daß die Polletik von den Paps ga keine solche is. Nüzzte nix. Ich blieb diskwahlifiziät. Und gewonn, Macker, hat Pörzi sein schriffliche Antwoht: »Gemäßichte Polletik is 'ne Garantie, daß nich ma *gleiches Unrech für alle* gelten tut.«
Nu komms du!
Das hatte ich bei den Paps doch viel besser gesacht, oder? Asso, ich hab den gansen Kwizz velorn. Ich hatte die wenichsen Siechpunke. Gewonn hat Pörzi. Den Sieger dahf mit mein Natalje zu Mittach essen. Meine Olle mach das ehmals as Rudi Carell. Sie sorcht dafüä, daß sie ümmer die Hauppähson bleip un selps nix riskiät. Un ich, Macker? Tschä, ich krich an den Tach den Studentenfraß innie Mensa. Kuk, das is noch wie in die Kwizze auffie Mattscheibe. Wen den Spott hat, brauch für den Schaden nich zu sohgen.
Tschüs, Macker, du wars ein fa-bel-haf-tes Publikum!
Nu komms du!

Vonnie schemische Koile

Öih, Macker, wenn irgendsonn Problehm bei uns innie Schahre komp, denn benennen wir ein Schahr nach düsses Problehm. Denn wird da noch mehr über geschnack un noch weniger gegen getan. Das Gesabbel abers erhält die Menschen die Hoffnunk, daß wir könnten, wenn wir wollten. Natalje sacht: »Das is Loite bescheißen«, sacht sie, »mit düsse Schahrebenamserei. Hätten wir das ümmer so gemach, denn säßen wir hoite noch auffie Bäume.« – »Wieso?« sach ich. Natalje sacht: »Indem wir denn das Schahr des Fußgängers ausgerufen hätten«, sacht sie, »schtatt vonnie Bäume runner zu klabastern unnas Gehn zu üben.« Nu komms du!
Tschä, asso, so hatten wir das Schahr vonnie Frau, das Schahr des Kinnes. Un so weiter. Ich glaup, 1990 soll das Schahr des Ahbeitslosen wern.
Willy den Erssen fohdert denn nochma Ahbeit für alle. Düsse Rede hat denn zwanzichschähriges Schubilähum. Wird in eine Fessausgabe gedruck. Mit ein Geleitwoht von Heinz Oskah Fetter, daß asso die geballte Kraff vonnie ogganisiäte Ahbeiterklasse nich aufhörn wird, gegen die Ahbeitslosichkeit as sochche gegen anzustinken. Un wenn auf einen Ahbeiter einen Ahbeitsdirekter komp, dasses dann abers erns wird.
Die Fohderunk vonnas Rech auf Ahbeit wird nochma machvoll erhoben. Un düsses Rech auf Ahbeit mitsamp die Fessausgabe von Willy seine Schubilähumsrede dürfen die Ahbeitslosen as Prifateigentum mit nach Hause nehm. Un sich achtern Spiegel stecken. 1990 solln wir zwei Milljohn Ahbeitslose ham. Sagen die Professers für Wirtschaffsmedizin. Die Fessschriff wird bei Springer gedruck. Ummie Ahbeitsplätze bei ihn zu sichern. Indem den Umsazz vonnie Bildzeitunk bannich zurückgegangen is, weil das Lokuspapiä

duch ein foichtes Wahmluffgebläse abgeschaff worn is. 1990. Die Ahbeit selps, asso, die komp 'n büschen später annie Reihe. Sagen besachte Professers. Ihr komp so ummas Schahr zweitausend rum. Denn brauch den Mahk wieder viele Ahbeitskräffe. Sagen sie. Die Autobahn müssen denn mit ein dicken Tohfbelach versehen wern. Indem ihrn harten Betong sons die Ferde vonnie Posskutsche zu doll innie Knochen gehn tut.

Das kann abers auch bis zus Schahr 2020 dauän mit die noie Vollbeschäffigunk. Wann das genau is, das häng davon ab, ob die Ölmultis bis dahin alle Autoakziehn verkauf un alle Eisenbahn un Ferdezüchterein aufgekauf ham. Das Geld dafüa sammeln sie hoite schon annie Tankstellen ein. So Fennich bei Fennich. Wen den Fennich nich ehrt, issie Multis nich wert.

Ferde kenns doch noch, Macker, oder? Das sünd düsse hoogen Vieäbeiners, ohne Euter. Zu düsse besachten Ferde komm wir zurück, wenn wir auffen Hund gekomm sünd.

Die Ahbeitslosen könn asso ganz beruhich sein. Das Rech auf Ahbeit as sochches is voll gesichert. Bloß die Ahbeit komp 'n büschen später. Die Ölkonzerne müssen ersma soweit sein.

Assu woll sühs, Kollege, den Menschen steht in Mittelpunk. Un wa'um isses so? Weil wir 1977 das Schahr vonnie Menschenrechche hatten. »Un, bidde, Natalje«, sach ich, »un wennes noch fünfsich Schahre dauern tut, was is das schon für die Geschichche?«

»Fünfsich Schahre«, sacht Natalje, »is ein ganses Enne Zeit. Für manch ein Ahbeitslosen sein ganses Leben!« Nu komms du!

Un denn hat Natalje rumgemeckert, dassie in Schahr der Menschenrechche, dassa alle Schtaaten von A büs Zett – von Ahgentienjen büs Zoofietunjon – ihre Mackers ham über Bohd gehn lassen, die annie Verwirklichunk vonnie Menschenrechche zweifeln taten. Vonnie Klapsmühle büs zu 'n Elektroschock stannen düsse Elemente alle Menschenrechche

offen. Bloß innie technologisch unnerentwickelte Länner ham sie noch aufgehenk, abgegurgelt, erdrosselt, geteäht un gefedert.
Ich sach: »Abers doch nich bei uns«, sach ich. – »Nöö«, sacht Natalje, »bei uns nich. Wir bringen mittels die schemische Koile die Menschen innie Ohdnunk. Da'um, Kuddl«, sacht sie, »bin ich dafüä, daß wir in Doitschland das kommende halbe Schahrhunnert as die Schahre vonnie schemische Koile benennen. Die schemische Koile ins Haus erspaht dich allen Ähger mit Menschen un ihre Rechche.
Erssens«, sacht Natalje, »issie schemische Koile krißlich. Bei ihrn Einsazz weinen die Doitschen ma über sich un über ihre Kinner.
Un zweitens kriegen die Doitschen selps Ruhe un Ohdnunk so beigebrach, wie sie annere dieselm beibringen wollten.«
Du, un denn sacht ihr, dassas nich bloß bei die Benamserei bleim dahf. Ihr will die schemische Koile auch innie Nazzenalhümme ham:

Einichkeit statt Rech un Freiheit
isses Glückes Unnerfand,
mit die Koile ins Genicke
blüht das doitsche Vaterland!

Ich sach: »Wa'um«, sach ich, »brauchen wir einklich so was wie die schemische Koile überhaup? Wa'um allns düsses Hühn un Pedühn? Wa'um sünd die Menschen einklich nich von selps so vernünftich, dassu ihn nich auf schemische Wege die Menschenrechche beibringen muß?« Asso, Natalje sacht, daß liecht da'an, daß die da ohm vonnie Menschen was velangen, was sie selps nich tun.
»Nehm wir ma den Springer as Beischpiel«, sacht sie. »Ihm hat velank, daß die Polen für uns Geld die unvelieäbare velorne Heimat zurückgehm, weil sons beides flöten is. Und was mach ihn selps? Gibb ihn dich vielleich 'n Anteil von sein Vemögen, das ihn mit dein Geld für die Bildzeitunk gemach hat? Ihn denk da gahnich an. Un wenn du nu seine eichne

Ideh auf sein Eigentum anwennen tus un inne Demo ›Enteichnet Springer‹ bölken un an seine Betriebe rütteln tus, denn läss ihn dein Gehirn von seine Idehn mittels die Koile schemisch reinigen!«
»Abers denn vesteh ich nich«, sach ich, »wa'um sie innie Fußballstadions die schemische Koile nich einsezzen. Wenn sie das doch bei annern Gelegenheiten ümmer tun.« – »Höä ma zu, Kuddl«, sacht Natalje, »das ischa woll klah. Bei die Bunnesliga, da wolln sie, dassu wiederkomms. Un bei die Demonstratschons wolln sie, dassu nich wiederkomms. Du soss dein Geld bei sie freiwillich abliefän. Abers du soss es dich nich wiederholen. Es entsprich ehm die schemischkoilengeschüzze Menschenrechche: Was dein is, das is ihr. Abers was ihr is, is noch lange nich dein!« Nu komms du!
Asso, Macker, wie isses mit mein Natalje ihrn Vorschlach? Die Ahbeitslosen kriegen das Rech auf Ahbeit as Prifateigentum un wir benenn die nächsen fuffzich Schahre as die der schemischen Koile. Oder as die Koilenschahre der schemischen Menschenrechche.
Öih, Macker, wa'um sachs du nix?

Vonnie Drögemöller

Öih, Macker, asso, ich komm nach Haus, nich, un mein Natalje is gans bös vegnazz. Ich sach: »Was issen bloß los«, sach ich, »asso, bei sonne Laune, da wird sche die Milch in Kühlschrank sauer.« – Natalje sacht: »Kuddl«, sacht sie, »den Fliesenleger wa noch nich da. Noch nich. Un auch da, nich, da steck wieder die Drögemöller von nehman achter. Wie isses bloß die Möchlichkeit von sonne Schlechtichkeit von Menschen!«
Nu komms du!
Kollege, es is so, nich: in unsen Kloh – wo sie nachchen zweiten Kriech noch 'n Sizzbad mit Brause in eingebaut ham, indem auch unnere Volkskreise nich mehr Käse von unse Kwanten riechen wolln, as unbedink nötich –, asso, in düssen besachten Kloh sünd die Kacheln vonnie Wand gefalln. Nich alle, abers ümmerhin! Un den Krauter, den Fliesenlegermeisser, hat gesach, repariän, asso, das geht nich. Muß gans noi. Unnie Hauswirtin hat gesach, ihr bezahlt das. Freiwillich. Wascha beinahe 'ne Aht von Weltwunner is, as wie die Säule von den Koloß von Roddos mit die hängennen Gähten der Semiramis da unner. Bloß – den Fliesenleger wa ehm noch nich gekomm.
Natalje sacht: »Kuddl«, sacht sie, »wie komp es bloß, nich, dassie Fliesen von unse Wand fallen un bei die annern nich? Du, Kuddl, das liecht auch annie Drögemöller!« – »Kwatsch«, sach ich, »liecht da an, dasses 'n ganz olles Haus is. Mit Bombenschäden aussen lezzen Kriech. Un denn liecht uns Kloh nach vohne. Unnie schweren Lassers, nich, die schütteln, un . . .« – »Hach«, sacht Natalje, »allns Kwatsch! Liecht annie Drögemöller! Die haut ihre Etaschentüä ümmer so zu. Asso, ich hab sie das schon 'n paama gesach – gans höflich un orntlich, nich –, abers düsses Weipstück ballät ihre

Tüä weiter so zu, asso, da müssen scha bei uns die Fliesen in Kloh vonnie Wand falln! Das is die Drögemöller!«
Ich sach nix. Was soss sagen zu so was? Asso, wennie Nürnbähger Bratwuss auch nich mehr is, wassie ma wah, nich, muß dascha nich auch noch an Strauß liegen.
Natalje sacht: »Weiß du vielleich«, sacht sie, »wa'um den Fliesenleger nich komp?« – Ich sach: »Ma 'ne kühne Vemutunk«, sach ich, »ihn hatte noch keine Zeit!« – »Hach, du Tüffel«, sacht Natalje, »den tööf da auf, daß ich zu ihn hinkomm, Fliesen aussuch un ihn denn sagen kann, wir müssen was zubezahln. Abers da denk ich scha gahnich an.« – »Hat den Krauter denn gesach«, sach ich, »du soss längskomm un suchen Fliesen aus?« – »Nöö«, sacht Natalje. Ich sach: »Menschenskind«, sach ich, »wie komms denn bloß auf sonne Grabben?« – »Mein Chottauchnee«, sacht Natalje, »sach ma, bis du so tumpich oder tus bloß so? Da steck netürlich auch die Drögemöllersche achter. Düsses achtertücksche Aas das!« – Ich sach: »Kanns du das vielleich beweisen?« sach ich. Da sacht Natalje: »Was heiss hieä beweisen«, sacht sie. »Haupsache, ich weiß das!« Nu komms du.
»Kuddl«, sacht sie, »komm ich doch gessern die Treppe runner, nich, steht sie da mittie Pepperkohn, das Hauswirtsaas, zu schludern. Du, die sehn mir – un sünd still! Asso, das hat doch was auf sich! Da ham düsse Mißstücke sich das ausklamüsert. Ers ballät ihr die Kacheln von uns Klohwand, mach allns kaputt, un denn, denn solln wir auch noch was zubezahln. Abers da denk ich scha in Trauhm nich an. Düsses . . . asso . . .« – »Natalje«, sach ich, »Menschenskind, wie kanns du so was sagen! Wie komms du bloß da auf?« – »Wie ich da auf komm tu?« sacht Natalje. »Das frachs du noch? Du, hat ihr nich auch damalige Zeit übä die Rosa Luxenburch-Briefmahke gemeckert übä? Un gesach, die schmeck bein Anlecken schlechcher assie annern? Das hat die Drögemöller gesacht. Ischa Rassismus in reinste Fohm! Ers meckern über Rosa Luxenburch, un denn noch *das*!«

Ich sach: »Mann inne Tünn«, sach ich, »du meckers doch auch in eine Tuhr, nu laß die doch auch ma!« – »Bei mich isses aus Überzeugung«, sacht Natalje, »abers bei die, da isses reinen Verrat!« Nu komms du!
»Sach ma, Kuddl«, sacht sie, »is dich bei die lezzen Wahln in uns Stimmbezirk nix aufgefalln?« – »Nöö«, sach ich, »nich daß ich wüßte!« Du, Macker, da hat mein Natalje mich die Stimmähgebnisse voägelesen. Hat ihr sich besorcht auffas statissische Amp ün Rathaus. Asso, 2889 SPD, 834 CDU, FDP 12, DKP 8! »Sach ma«, sacht sie, »Kuddl, fällt dich *da* nix bei auf?« – »Nöö«, sach ich. »Dich fällt gahnix auf?« sacht Natalje un kuk mir an, as bün ich 'n Kalb mit zwei Köppe. »Nöö«, sach ich, »ischa so wie ümmer, einklich wie seit 1890, in uns Viddel. Bloß, nich, innie Süschstehmzeit, da hatte die Kapeh bald dausend Stimm. Aber büs auffen paa ham nu alle geschnallt, dasses mit die Hääschaff vonnie Ahbeiterklasse woll nich gans das Wahre is, wenn ein paa *Genossen* vonnie Ess-eh-deh die Häschaff so *genießen*, daß für die Klasse bloß Ahbeit bleip. *Das* un nix zu sagen, das hatten sie je früher auch schon!«
»So«, sacht Natalje, »dich fällt asso außer olle Kamellen nich auf, dassie CDU – das ersse ma seit zwölf Schahre – schtatt 833 nu 834 Stimm hat? Un *das*, du, *das* wa auch die Drögemöller! Wen – die bekannten Beknackten ausgenomm – bring so was sons wohl fertich? Bloß die Drögemöller! Asso, ers die Kacheln in Kloh vonnie Wand, denn uns die Kossen auffen Hals, un dann noch *das*!«
Asso, ich hap ihr denn verklickert, dassie nix in Gange machen soll. Ihr bring die Drögemöller je um in uns Viddel. Un dassie selps sche gahnix weiß, un auch gahnix beweisen kann. Nich? Du, da issie auf mir los. Obbich mit die Drögemöller vielleich was ham tu? Hat noilichs ahms mächtich lange gedauert. Du machs dich da kein Bild von! Büs ich die paa Treppen hoch wa …
Oh, Mannomann!

Du, da klingelt es annie Tüa. Den Fliesenleger. Ihn komp mohgen früh. Klah, Hauswirt bezahlt, wassen sons?
»Tschä«, sach ich, »Natalje, nu komms du!« Natalje sacht: »Nu sühs ma selps, Kuddl, was die Drögemöller für 'n Biess von Natuä is. Asso, nein auch doch! Was kann das Aas sich bloß verstelln!«

Von Uäopa sein pollitischen Irrtum

Öih, Macker, du wiss Uäopa besuchen? Mann inne Tünn, das laß bloß nach. Asso, Uäopa is mit seine Noinzich auf achzich. Ihn is so bannich inne Faht, daß 'n Düsenklipper da 'ne Postkutsche gegen is. Gahnich zu bremsen iss er. Wa'um? Mensch, Macker, das frachs du noch? Uäopa is so außer sich, daß er nehm sich selps stehn tut, weil Nazis un Sozis ein unnas sölbe sünd. Weiß doch Bescheid, die noie pollitische Ähkenntnis aus bayrische Bieäkellers. Von Stoiber – Strauß. Asso, die ham doch gesach, nich, das krißliche Sittengesezz über sich unnas bayrische Bieä in sich: Nazis un Sozis sünd einergal, allens ein unnas sölbe, eine Wickze.
Beleidicht, sachst du? Nöö, dascha nu nich grade. Uäopa ischa noch ein von ollen Schlach. Ihn sucht sich die Loite aus, die ihn beleidigen könn. Wen Uäopa an seine Ehre will, muscha ersma wissen, wassas is.
Abers fünsch is ihm doch. As ich schon sachte, ganz bannich fünsch. Auch auffen Strauß as sochchen. Abers nich auffe Person. Auch weniger wegen das besachte Gesachte. Uäopa is so innie Faht wegen den Zeitpunk, wo sie mit das besachte Gesachte rauskomm.
Verstehs nich, Macker, es ischa nich wegen die Hühner, es ischa mehr wegen die Eier.
Asso, Uäopa sacht: »Dassie sozealen Demekraten die Kapptalissen aus sozeale Grünne nich annie Wäsche wolln«, sacht er, »indem denn für die Demekratie schlechche Zeiten komm, das weiß ich selps. Dat weet mien Büx. Da brauch ich mein ehemaligen Genossen Strauß nich für. Demekratie herrsch pollitisch abselut, so lange sie sozeal den Willen vonnie Kapptalissen tut. So has as sozealen Demekraten ümmer die Wahl, ob du das Unsozeale mit oder ohne Demekratie ham wiss.«

Nu komms du! Du hörs richtich, Kollege! Uäopa sacht auf Strauß Genosse. »Schließlich ham wir beide ma bald dausend Schahre lang für ein veeinichtes, doitsches, sozealissisches Europa gekämpf. Von London bis Wladiwostok. Strauß schon damals an seine geissige Front. As Schulunksoffiziä. Un ich bei die Oggannisatschon Todt. Hand in Hand ham wir geahbeitet. Ich, Friedrich Willem Leberech Schnööf, hab die Geleise gelech. Auf sie rollte das Menschenmatehrjal, was Strauß geissich fit gemach hatte, annie Front, nach vohne. Strauß mußte hinten bleim. Klah! Weil den Geiss siecht. Daß den sozeahlissischem Geiss, selps mit Strauß as Lautsprecher, damalige Zeit nich gesiecht hat«, sacht Uäopa, »da kann meinen Genossen Franz Josef nix für. Ihn hatte es ehm nich nur mit Doitsche zu tun.«

Uäopa recht sich auch nich da über auf, daß sein sozealissischen Genossen Strauß zu ein sozealen Demekraten mit sonn büschen Krissentum um rum geworn is. »Ihn hat sich ehm für das Unsozeale mit Demekratie bei entschieden«, sacht er, »voä alle Dinge, wenn ihn selps ans Ruder is. Un für so was is den Paps 'n prima Bunnesgenosse. Strauß is ehm ein sozealissischen Dissidenten mehr, den innas böhgerliche Lager abmaschiät is. Das komp überall un innie bessen Famieljen voä. Bei Müller, Meier, Schmidt.«

Allens so was ähgert Uäopa nich. Das sieht ihn alles inne hüstorische Perschpektife in. Uäopa sein Ähger fänk damit an, daß er innie Weimarer Süschtemzeit allens in vekehrten Hals gekricht hat. Uäopa wa scha Sozi. Unnie Nazis unnie Nazi-Idologen, die hat ihn für große Banditen gehalten. Debei wahn dascha seine engsen Vebünneten. Nach den gestoiberten Strauß.

»Ich hab damalige Zeit geglaup«, sacht Uäopa, »wen Europa in 'ne rassische, großdoitsche Perschpektife sieht, den muß blind sein. Oder den will Kriech. Den ich ja nich noch ma wollte. Mich lankte schon den erssen. Wen die Volksgemeinschaff predichte, den hab ich fürn Klassenfeind gehalten. Ich

hab gedach, bei die Volksgemeinschaff sünd wir as Volk die gemein Geschafften. Ich hatte je keine Ahnunk, dassas hoite sozeale Pahtnerschaff heiss. Un wen in höchse Töne von Blut un Boden un steigenne Geburten gesungen hat, damit wir ein Volk ohne Raum werden, asso, von die hab ich gedach, die ham ihrn Vestand mittie Müzze innie Gadrobe abgegehm. Ich wa petuh gegen allens das. Un dascha gahnich an dem. Nazis un Sozis wahn schon damals dassölbe. Strauß un ich flüchten schon damals auf ein Stück. Bloß ich, ich Dööskopp, ich wußte es nich!«
So gesähn ähgert das Uäopa je auch weniger, daß den Bayern-Kurier ers beikomm mußte, um ihn über sein vieäunsiebzich-schährigen Irrtum aufzuklärn. »Wenn wir zweidausend Schahre geglaup ham«, sacht er, »aussen Ossen komp das Lich, so isses doch ümmerhin nich unmöchlich, daß aus Bayern ma 'ne pollitische Ähleuchtunk komp. Vor alle Dinge, wenn sie in Ossen die sozealissischen Ahbeiters bloß heimleuchten.«
Den pollitischen Irrtum, in den ihn sich inbefinnen tat, da sieht Uäopa kein Beinbruch in. »Ma apgeschnitten davon«, sacht er, »daß unsenein unwissend gebohrn wird un dösich gemach innie Grube fährt, ham wir Doitsche je das Rech auf pollitischen Irrtum erfunnen. Düsses Rech auf pollitischen Irrtum wa gleich nach fünfunviersich die große Flich der kleinen Nazis. Un nachchen zweiten Kriech gab dascha bloß noch kleine Nazis, indem die großen Nazis ganz lütt geworden wahn. Schließlich wa den Kriech velorn, Hitler doot, unnie Entnazifizierunk stand vor die Tür. Un Rech un Flich gehörn bei uns zusamm. Das Rech auf pollitischen Irrtum is gleich die Flich zu denselben.«
Ich hab Uäopa gefracht, wa'um ihm denn einklich so bannich in Braß is, wenn es alles das nich is. Wenn das alles nich, was denn? Uäopa sacht: »Mein Schung«, sacht er, »mähk dich eins für dein späteres Lehm: Loot di Tied, is ook 'n Walzer. Ersma muß rein sachlich entfalten, wasses nich is. Um so deutlicher

komp denn den Strauß sein schweres nazzenales Vebrechen aussen Dunss vonnie Bieäkeller innas Lich vonnie Sonne der Wahheit.
Strauß sein nazzenales Vebrechen ischa da'in zu sehn, daß ihm ers hoite damit rauskomp, daß Nazis un Sozis ein unnas sölbe sünd. Wär ihn 'n büschen früher damit an Deck gekomm, die doitsche Geschiche as sochche hätte je ein ganz annern Velauf genomm. Un auch ich selps, mein Schung, ich würde endlich ma auffen grünen Zweich sizzen. Ich bün, asso, aus nazzenale un pesönliche Grünne da bannich fünsch über, daß ihm ers hoite da mit rauskomp.« Nu komms du!
Uäopa sacht, daß den Strauß mit sein Schweigen, damalige Zeit, da schuld zu is, dassie Nazis, die Geschtapo, die Kreisleiters un alle je gahnich wußten, daß er as Sozi ihrn einklichen Vebünneten wa. Du, die ham ihm doch glatt as Feind behannelt. Was sollten sie auch anneres machen? Wenn Strauß die Klappe hält?
Un denn, sacht Uäopa, wa den Strauß den einklichen Sabbotöhr an den Endsiech. Wa'um? Weil die Nazis in ihre Dußlichkeit – in die den Strauß ihr je belassen hat – 'ne ganse Ahmee gegen den inneren Feind, den dascha gahnich gehm tat, ogganisiät ham. Hätten sie die auch noch gegen den äußeren Feind eingesezz, wir hätten den zweiten Kriech glatt gewonnen.
»Was wäre uns denn alles ähspaht gebliehm«, sacht Uäopa, »an Hühn un Pedühn, an geissige un matehrjelle Velusse. Denk bloß ma an alle die pollitischen Emigranten. Wenn Strauß ihr so schlau gemach hätte, as ihn selps es nu ma is, die hätten je gahnich flüchchen brauchen. Die hätten ihn doch glatt as Schulunksoffiziä ersezzen könn. Den Filbinger wäre uns erhalten gebliehm. Sie hätten ihn sofoht zun Vorsizzenden vom Rechswahrerbund gemach. Den Kiesinger hätte nich as Kanzler abgesächt wern müssen. Ihm wäre Vorsizzender vonnie Reichsschrifftumskammer geworn. Oder Strauß selps! Nu muß ihn sich abmarachen, damit ihn Kanzler wird.

Ohne weiteres hätte ihn Reichssonnerbeauftragten für die Durchführunk des Minisserpräsidentenerlasses wern könn. Unnie breite Mehrheit vonnas doitsche Volk, die scha tetal sozealissisch wa, hätte nich die Lass gehap, sich in sozeale Demekraten vewanneln zu müssen.

Tschä«, sacht Uäopa, »un denn kuk mir an. Was hab ich für 'n Aggewahrs mit mein praktisches Lehm gehap, bloß weil Strauß mir nich geissich befruchtet hat. Ich hab auffie Soldaten von Kapp geschossen! Meine engssen Froinde. Ich wa Antimillitariss, statt für Ohden für die Bunneswehr. Ich wa gegen die Fürssenabfinnunk, statt für Milljahden annie Großinnuschtrie. Ich hab Hitler für 'n Knech vonnas Großkapptahl gehalten! Wa für Repeblik un Demekratie. Un allns vekehr! Ers hoite sacht Strauß, daß ich ümmer dafür wa, wo ich gegen wa. Un as ich für die Hääschaff vonnie Ahbeiterklasse zu sein meinte, hab ich gegen ihr gekämpf! – Da ischa noch überwech zu komm«, sacht Uäopa, »abers nun komp das Döllste. Auch nach fünfunviersich hält Strauß das Maul. Un deswegen hab ich mein allerschwersten Fehler gemach. Ich Döösbaddel, ich stell deswegen Antrach auf Wiedergutmachunk. Indem sie mir 33 außen Betriep gefeuert un zehn Monate in Schuzzhaff genomm ham. Nach neun Schahre kriech ich zweidausendeinunswansich Mahk un einunachzich Fenninge. Un etwas Kleingeld. Was hätte ich abers getan, wenn den Strauß mir damalige Zeit so schlau gemach hätte, as ihm es is? Ich hätte mir bei die Entnazifizierunk as Haupbelasseten eingestuf.« Nu komms du!

Ich sach: »Asso, Uäopa«, sach ich, »nu wird je woll den Hund innie Fanne verrück. Du hättes dir as Nazi-Hauptbelasseten eingestuf? Bis du noch zu retten?«

Uäopa sacht: »Nu sach ma, du Dwaddel«, sacht er, »has ümmer noch nicht kapiät, wassie Stoiber-Strauß-Entdeckunk bedoiten tut? Wozu schnack ich mich einklich das Maul in Fransen? Kuk, die Siegers nannten das Dingsbums Entnazifizierunk. Auch sie hatte Strauß je in ihren falschen

Irrtum belassen. Einklich wa das allens 'ne Entsozealisierunk, nich? Un Sozealiss, nich, Sozealiss wa ich je ümmer. Asso, wa ich auch ümmer Nazi. Ich wa auch ein großen Sozealiss. Asso, wa ich auch ein großen Nazi. Un as großen Nazi, nich, hätte ich scha 'ne Schangs gehap auf 'ne dicke Pengsion. Denk bloß ma annie Nazi-Generale. Was die für Geld kriegen! Un ich, ich kriech 'ne Bieäkutscherrente!«

Unnu, Macker, bölkte Uäopa, dassie Heide wackelte. »Das is ein schweren Vestoß gegen das Grundgesezz«, bölk ihm, »mir behanneln sie ungleich vor das Gesezz. Den einen kricht 'ne Masse Zaster, weil ihm die Flicht zun pollitischen Irrtum nachgekomm is. Un ich, den ich düsse ehmfalls voll ähfüllt hab, mir speisen sie mitten paa Fennige ab. Un wen is da Schuld zu? Strauß! Ihn hat geschwiegen, as ihn reden mußte. Dafüä redet ihm nu, wo ihn schweigen sollte! Asso, so was . . . so was, das ischa, un noch ma wieder antifaschissisch zu wern!«

Vonnas Krisenmänätschmang

Ich sizz innie Stube un spiel Lambsdohfs doitschen Ahbeiter. Das heiß, ich tu nix. Un bei düsse Gelegenheit probiä ich ümmer, obbich die Prüfunk für 'n Haupgefreiten bei die doitsche Kriechsmarine – damalige Zeit – nochma bestehen können täte. Dafüä muß aus Fensser kuken un garantiät an gahnix denken. Damalige Zeit mußtes du das drei Stunnen machen.

Aber, Kollege, was meins du woll, ich mußte Spiel un Prüfunk unnerbrechen. Indem aussen Lokus einen Schrekkensschrei ähschallen tat. Das wa einen schrillen Schrei von tödliches Ensezzen. As es inne Krimenalromane heißen tut, wo die Leichen je auch ümmer gekrümmp liegen tun. Unnern Schreiptisch, in Fahstuhl oder so.

Asso, sonnen Schrei wa das. Tschä, un so was is ümmer 'n Zeichen, daß mein Natalje in 'ne tödliche Gefah is. »Kuhuddell!« As wenn du mit 'n dicken, rossigen Nagel so orntlich über 'n Ziegelstein ratschen tus. Un nochma: »Kuhuddell!«

In sonn Momang, Macker, bün ich sofoht hellwach un auffie Höhe vonnie Situatschon. Ich aussen Sessel hoch un denk furts, daß sie, asso, nich reingefalln sein kann un bein Rettunksversuch aus Versehn die Leine gezogen hat. Sich asso selps grade wechspült. Das geht nich. Ersma pass mein Natalje, so rein vonnie Ausmaße ... Unmöchlich, denk ich. Un denn, wir ham nich Zuchleine, sonnern Knoppspülunk. Schließlich hätte ihr denn auch nich zun zweitenmal bölken könn. Un von das Meeresrauschen wa auch nix zu hörn.

Ich raus aussie Tüä auffen Fluä. Hieä überblickte ich die Situatschon as sochche sofoht. Den Niagarafall hatte sich velagert un fand in unsen Lokus statt. Das mähkte ich auch da an, daß ich bis annie Knöchel in Wasser stand un den Teppich so in sanfte Welln schaukelte. »Was is los?« bölk ich. »Ham wir nu statt fließennes Wasser stürzennes Wasser annie Wand?« Nach mehrmaliges, ruhiges Nachfragen krichte ich aus Natalje raus: es wa nich den Niagarafall, ihr hatte bloß die Waschmeschine nich richtich abgeschottet un ihr 'ne lüttje Stunne laufen lassen.

Die Waschmeschine is uns Emanzipatschonssümbol. Mein Natalje sachte, daß ich woll vonnie Werf weiß, daß es 'ne Aht von Ahbeit gehm tut, die den Menschen da an hinnert, sich voll un frei gemäß seine innere Anlage zu entfalten. So kam ihr zu 'ne Waschmeschine un ich behielt meine Malloche. Unnu hatte ich die Ahbeit von ihre Anlagenentfaltunk, indem ihr debei vonnie enfesselte Technik inne mittlere Kattaschtrofe gestürz worn wa.

In sonne Situatschon wackze ich zu meine einkliche Größe. Ich wer ganz ruhich, gewissermaßen eiskalt. Un denn, du, treffe ich meine Entscheidungen. Das genieß ich richtich, Kollege. Weil mein Natalje denn ma nix sacht, sonnern bloß mittie Nähfen zu Fuß is.

Ich sach: »Natalje«, sach ich, »ab in Schlafzimmer. Zieh dir trockne Klamotten an. Mit die hieä hols dir scha die Schwindsuch an Hals. Ferner büs du Nichschwimmer un hasses in Kreuz. Ich mach das. Tööf ma ap un gib ma Obach.«

Denn habbich nach einen wohlduchdachchen Plan die Waschmeschine apgestellt, das Wasser mittie Schietschaufel in Eimer gekricht un denn gefeudelt. Grade bei das Feudeln habbich es in meine langschährich unfreiwillige Dienszeit bein Kommiss bis zu die Meisserprüfunk geschaff. So konnte ich meine innere Anlagen un meine ähwohbene Fähichkeiten as sochche voll zum Tragen bringen.

Nach 'n lüttje Stunne wa ich fertich. Ich in schede Beziehunk, Lokus un Fluä trocken. Keine Beschwerden vonnas Folk, das unner uns wohnt, dassie inne Tropfsteinhöhle hausen müssen.

Ich nuzz die Schangs un trudel mir sonn vieästöckigen Akkawiet ein. In sonne Stähnstunnen sacht Natalje da nix zu.

Ich trudel mich das lütte Hochhaus achter die Weste un sach: »Na, Natalje«, sach ich, »nu komms du. Allns wieder klah un ollreiht, Piepel an Bohd. Ich mein, ich will mir je nich berühm, aber wennas Schickzal zu sonn venichchenden Schlach voll ausholn tut, so in seine gansse tragische Vestrickung, denn is nix mehr mit Emanzipatschon. Denn muß Kuddl ran, mit sein eiskalten Überblick un sonsige Fähichkeiten. Denn entfalte ich mir ehm voll as Krisenmänätscher un Macher. Prost!« Un denn habbich fix den drütten Akkawiet für mir eingetrudelt.

Natalje kuk mir an, prüntschert sonn büschen mittie Lippen un sacht: »Asso, bezüchlich die Emanzipatschon, mein liehm Kuddl«, sacht sie, »möchche ich dir da an ähinnern, daß du das Geld nich ausgehm wolltes für 'ne Waschmeschine mit den selpstätigen Raumfahrerstatschonsveschluß, Alahmanlage un Selpsausschaltunk. Die wa dich scha zu teuer. Un denn, asso, ohne deine rein köhperliche Leissunk irgendwie bemäkeln zu wolln, nich, isses die Kuns des Krisenmänätschmangs, die richtigen Loite zu richtige Zeit annie richtige Stelle zu stelln. Un ich muscha sagen, düsses is mich ganz orntlich gelungen. Ich finne, düsse von dich selps verschullete Kattaschtrofe habbich ganz orntlich meissern lassen.«

Nu komms du!

Vonnie Refohmpolletik

»Natalje«, sach ich, »asso düsse pollitische Propaganna hoitigen Tachs, die halt ich in Kopp nich aus. Den einen sacht, ihm will Vollbeschäffigunk, un dafür müssen die Gewinne vonnie Unnernehmers steigen. Den annern sacht, die Unnernehmers müssen mehr Gewinne machen, damit wir Vollbeschäffigunk kriegen. Das is doch allns ein unnas selbe. Un was komp seit Schahrende da raus bei? Dassie Gewinne vonnie Unnernehmers steigen unnie Ahbeitslosen bleim. Das is doch allns Beschiß!« Natalje sacht: »Das sühs du nich richtich«, sacht sie, »mittels düsse Prackzis wird aus den Kamf mang Rentenbetrügers un Volksbetrügers auf höhere Ebene die Gemeinsamkeit vonnie Demekraten.«
Ich sach: »Mann inne Tünn«, sach ich, »was is das bloß für 'n Zustand? Scheden is gegen den Kriech, den den annern auch nich will. Scheden will alle sozealen Ungerechichkeiten beseitigen, so lange die bestehenden as wohlähwohbene Rechche erhalten bleim. Scheden is für die tetale Meinungsfreiheit un vebinnet die öffentlich-rechliche Schnauze, damit Springer seine noch weiter aufreißen kann. Wo sünd die Zeiten gebliem, als sie alle wenichsens noch von Refohmen schnackten?« – »Da ham sie alle so getan«, sacht Natalje, »as wenn sie täten, was sie nich wollten. Hoite isses aufgeteilt. Alle wollen den Schtaatspossen, den den annern hat; un in schede Pahtei gibb es 'n paa, die sünd für Refohmen, die alle annern nich wollen.« Nu komms du.
Natalje sacht: »So wird den Eindruck vemieden«, sacht sie, »das alle dassölbe saure Bieä unner 'ne annere Mahke vekaufen. Da ham wir den Innenminisser Baum. Ihm will den Zensuäparagrafen, den sein Froind Genscher in Schweiße von seine Füße eingeführt hat, zuä Hälfte wieder zurücknehm.« Ich sach: »Is das 'ne Refohm«, sach ich, »wenn ich aus

eigene, ganze Fehlers halbe Fehlers mache?« – »Da ham wir den Blüm«, sacht Natalje, »den will eine sollidarische Ahbeitsmahkpolletik, die die CDU-Unnernehmers nich wolln.« Ich sach: »Das ischa so«, sach ich, »as wenn ich innie Igeh Schemie für Demekratie sein täte«, sach ich. »Dascha 'ne gute Apsich, abers keine Refohm.« – »Da ham wir die Schungsozeahlissen«, sacht Natalje, »die den Sozealismus mit ein Ruck einfüän, wenn sie selps sich einich sünd, was das is, un Helmut den Erssen ihr nich da an hinnert.« – »Höa ma zu«, sach ich, »has du nix Handfesses?«

»Tschä«, sacht Natalje, »denn ham wir noch Hänschen Apel as Refohmpollitiker. Ihm hat vonnie grooten Kapptalissen glatt velank, dassie die modähnen Waffensüschteme viel billiger baun solln.« – Ich sach: »Das ischa«, sach ich, »die Ockzen, die da dreschen, solln sich selps das Maul vebinnen! Das soll Refohmpolletik sein? Was alle wolln, 'n paa sagen, abers alle Macher nich machen? Oh, Mann, oh, Mann, was soll da bloß rauskomm bei?«

Natalje sacht: »Da komp bei raus«, sacht sie, »daß du, mein liehm Kuddl, as Ockzen verdroschen wirs unnas Maul vebunnen kriss.«

Nu komms du!

Vonnen Allerwertessen

Ich komm inne Stube. Mein Natalje lecht los: »Mein liehm Rinnen un Wähler«, sacht sie un scheucht mir so mittie Hand in Sessel, »solange ich mein Mann kenne, wird ihn pollitisch verfolcht. Schon vorn erssen Kriech sachten sie auf ihn: Vatälandsloser Geselle. Debei wa ihn ers Lehrlink, as Modelltischler. In düssen besachten Kriech machte ihn sein vatälännisches Gesellenstück, bei Steckrühm un Trommelfeuer. Un as düssen Kriech bezüchlich seinen Ausgang für uns Richunk aus gehn tat, da mähkte mein Kuddl das ehm so fix as unsen unstähblichen Generalfeldmahschall von Hinnenburch, den damalige Zeit schon 'n büschen plemplem wa. Abers Kuddl hatte außerdem noch von Kriech die Nase pleng. Abers sie schimften ihn Novembävebrecher un Schudenknech, den die siechreich kämfende Front von achtern den Dolch in Rücken gestoßen hatte. Debei wa mein Kuddl bloß den Kriech sauer aufgestoßen. Un selps den Genral Ludendohf hatte achtern schon gemerk, daß vohne annie Front noch gekämf abers das Gegenteil von gesiecht wurde. Mein Kuddl wa für die demekratische Repeblik. Mit die linke Hand hielt ihn die Komenissen von sie ab. Mit die Rechte hatte ihn die Nazis bein Schlips. Un achter ihn stannen die Deutschnazzenalen. Die pauten ihn in Mors un sachten: ›Scheißdemekrat.‹ Un mein Kuddl bölkte: ›Ich bün doch schtaatserhaltend.‹ Aber die wollten damals den demekratischen Schtaat nich erhalten. Un hoite verklickern sie Kuddl, was einen demekratischen Schtaat einklich richtich is. Kuddl sacht: ›Ich hab nix gegen Konserwatife‹, sacht er, ›schlimm ischa bloß, dassie doitsche Rechche gahnich weiß, was das is.‹ Innie Weltwittschaffskrise wa Kuddl dreima ahbeitslos, lach auffie faule Haut un genoß sein Lehm mit 21 Mahk 56 un 'n büschen Kleingeld innie Woche. Abers mit meine Hilfe isses

die Ahbeit gelungen, ihm immer wieder zu fassen zu kriegen. Für 'n orntliches Lehm, fleißich, aber sauber!
Kuddl wurde innas drütte Reich zun vieäten ma ahbeitslos. Düsma fehlte es nich an Ahbeit as sochche, sonnern mein Kuddl annie richchige Gesinnunk. Ihn hatte die mahkzissische Seuche in Mahk un Knochen. Ahbeit krichte ihn wieder, as wir die Rüssunk anfingen, die uns mit friedliche Mittels den tetalen Endsiech bringen sollte.
In zweiten Kriech, den je alle nich wollten, die ihm angefangen ham, machte mein Kuddl sein vatälännisches Meisserstück. Es gelank ihn ümmer, Schüzze Arsch zu bleim. Ihn wurde nich ma Gefreiten. Das wollte ihn so, weil den Feind ümmer auffie Böberssen zuers schießen tut – 'n Kriech ischa keine Tarifvehandlunk, nich – un weil ihn mit Hitler seine Rasse nix zu kriegen ham wollte. ›Düsse Lehre vonnie Häänmenschen‹, sachte Kuddl, ›is von abgebrochene Voägahtenzwerge erfunnen wohden.‹
As denn die annere Hälfte vonnie abgebrochenen Zwerge – asso, die, die debei wahn, weil sie ümmer degegen wahn – uns nachen Kriech weiter regieän tat, da ruiniäte mein Kuddl uns Währunk ümmer still vor sich hin. Duch Krankfeiän un stännich zu hohe Lohnfohderungen. Ferner zerstörte ihn den Wert vonnie doitsche Wertahbeit. Das lach nich annas Ahbeitstempo, das lach an Kuddl. Noierdinks is ihn so faul, dasser sich 'n Beischpiel annie Japanesen an nehm muß. Düsse Kakautellefonie hat stännich uns Ehe begleitet.
Indem das mein Kuddl innie Schtatissik gelesen hat, dassie meissen Terrorissen, Ausgeflippte, Kokser, Fixer, Ehescheidungen un Selpsmöhders samp Akkeholiker aus gutböhgerliche Verhältnisse schtammen, is ihn dafüä, daß wir wieder böhgerlich wern. ›Ischa bloß die Frage‹, sacht er, ›ob die annern düssen Abstiech wollen, den für mir einen Aufstiech is.‹ Besonners bemerkenswert is mein Kuddl sein hohes Flichgefühl. Düsses riß ihm in unse Hochzeitsnach furts von meine nu stannesamplich angetraute Seite. Uns Hochzeits-

gass Fiete Kohlmohgen wa mit sein dicken Duhnas vonnie Treppe gefalln un hatte sich debei das Bein gebrochen. Sons sacht man je ümmer: Kinner un Besoffene schüzz den liehm Gott. Das wa hieä abers nich an dem, indem Fiete zwecks Schteuäerspahnis aussie Kichche ausgetreten wa. Kein Geld, kein Schuzz. Un mein Kuddl hatte da sein Ahbeit mit. Ihn mußte Fiete in Krankenhaus bringen, damit sie ihm da wieder zusammenlöteten, un ihn mit Gipsbein das Schickzal die Schtirn bieten konnte. Das hat man mein Mann nie verziehn. Die meissen sagen hoite noch, wir hätten Fiete mit sein Duhnas auf uns Schähsslonk pennen lassen könn.
Mein Kuddl finnet es gut, daß wir den Stahfeiter ham. Grade weil da hunnert Stück von abgestürz sünd. ›Aber düsses in Frieden‹, sacht Kuddl, ›un wenn schon, denn is düsses besser als in Kriech.‹ An allerbessen würde ihn es finnen, wenn die Piloten noch lepten un wir gahkeine Kriechsfluchzoige hätten, die je auf ihrn modähnsen Schtand schon ümmer vealtet sünd. Kuddl sacht ümmer, daß uns bezüchlich die Velusse die Vekehrsdooten doch langen müßten.
Hieä zeicht sich mein Kuddl sein weiches Hääz in seine volle Bandbreite. Ihn will nich einsehn, wa'um Fohtschritt ümmer Menschenopfer fohdern soll, indem die Opfer auch noch meiss die Falschen sünd. Un ihn is petuh dagegen, daß den Frieden 'ne Pause mang zwei Krieche is. Kuddl is sonn richtich nüdlichen Humanitätsduseler. Auch denn, wenn ihn nüchtern is. Ihm is ehm kein Realiss. Abers Kuddl sacht: ›Liebä 'n menschlichen Spinner, as ein möhderlichen Realissen.‹
Kuddl tritt voll füä die Ähaltunk vonnas Rentensüschtem ein. Er sacht, dasses sein Geld is. Ihn hat nich nur sein Beitrach bezahlt, sonnern auch den Unnernehmerbeitrach, übä die Preise. ›Un was wir später noch zu kriegen‹, sacht er, ›das ham sie uns früher as Lohn nich ausbezahlt.‹
As echchen Sozealdemekraten glaup mein Kuddl fess an moralische Werte. Besonners innie Sozealpolletik. Ihm weiß

abers auch, wo den Kapptalismus voll hinhaut, da is Moral ein Musser ohne Wert. Un wenn ihn zwüschen beides wählen soll, denn nimp ihn Haue. Weil die ihn sowieso sicher is. ›Wenn wir mit die Moral erns machen‹, sacht er, ›komm schwere Zeiten. Das entfaltet den Klassenkamf von ohm. Un in düsse Situatschon könn wir nich kämfen. Indem wir unse Führers stüzzen müssen, daß sie nich ganz umfalln.‹
Wenn ihr oich da richtich in reindenken tut, denn is mein Kuddl nich bloß wählbar, ihm is wahlnotwennich. Für alle. Für die ein, weil sie bei ihn nix veliän. Un füä die annern, weil sie nich viel zu veliän ham. Nehm den liehm Gott is mein Kuddl den einzichsen Menschen, von den du sagen kanns: Gedullich is ihn, un von große Güte! Deswegen muß ihm hoite noch um seine Emanzipatschon kämfen, die ich bezüchlich auf ihm länks habe. Aber so konnte ich ihn die Gebohgenheit vonnie Familje in uns gespaltenes Vaterland unnie Freiheit vonnie Akkohdhezze in meine Ahme bieten, un ihm schüzzen vor alle Anfeindungen, die sein sünniges Fleisch für ihn bereit hält. Loite, liebä ein Helden unner viele Pantoffeln un lebennich, as ein Held in Wehrmachsberich un doot. Da'um ...«
»Natalje«, bölk ich, »halt die Luff an. Sach ma, büss du tumpich? Was soll das?« – »Düsse Frage is Gold wert«, sacht Natalje, »abers nachdem ich Marianne Strauß bei 'ne Wahlvesammlunk für ihrn Mann beobachtet hab, nich, da habbich gedach, es is venünftiger, ich schnacke für dir. Asso, selps wenn ich voll bei die Waheit bleim tu, denn büss du, mein Kuddl, ümmer noch den Allerwählbarsten. Denn du büss den Allerwertessen der Natschon!«
Macker, nu komms du!

Vonnie Moral

In einem gewissen Sinne, Macker, isses scha ein Segen, daß uns Amatöhre nich annie Olümpischen Schpiele in Moskau teilgenomm ham. So ham die Spohtrepohters ümmer noch was zu fragen, wenn sie sons nix einfällt. Un denn könn wir bei spätere Vegleichskämfe feßschtelln, daß unse Medizin un uns schemische Innustrie – un damit unse Schpohtlers – doch besser sünd, assie russischen Dingsbumssachen. Unse Makker ham ihre Fohm gehalten. Die Russen ihre Kollegen abers nich. Das macht auch Reklame für doitsche Wertahbeit. Unse Sprizzen, Pillen un Hohmone sünd ehm doch die Bessen. Wie wir auch uns Ferde an bessen so bimsen könn, dassie sich, voll austräniät, die Gräten vebiegen unnie Knochen demoliän können.
Un denn zeigen wir alle Loite, daß uns Süschtem keine Schtaatsamatöre brauchen tut. Wir lassen ihr von Prifate bezahlen. Wascha den Amatöhrgedanken vielmehr entsprechen tut. Da drühm, in Ossen, da sünd die Spohtler bloß Diener ihres Schtaates. Bei uns dagegen wern die Spohtler durch den Schtaat bedient. Rein pollitisch gesehn isses scha so, daß den moralischen Protess gegen die Besezzunk von Affgannistan je auch an bessen diesbezüchlich vonnie Spohtlers zun Ausdruck as sochchen kommen tat. Sollte uns Schtaat vielleich beikomm un greifen innie freie Wirtschaff so direck in rein, as wie in den freien Spoht? Un vebietet, sagen wir ma, daß uns Konnzähne die Zofietunjohn füä viele Milljahden Mahk düsse Stahlrohe vekaufen tun, in wechche denn Öl un Ähdgas von Affgannistan nach Doitschland fließen? So ein Eingriff innie freie Wirtschaff ischa woll nich möchlich. Ich mein, die Freiheit vonnie doitschen Konnzähne leidet je schon genuch da unter, daß wir ihr mit unse Schteuergeller den Profit bei die Ossgeschäffe garantiän

dürfen. Tschä, un denn, Macker, frach ich dich: Wenn die Konnzähne, die nich uns gehören, abers die wir gehören, nich, wenn die keine Profite machen, wen soll denn die Amatöre bezahln? Un uns, as Lohntütenkrieger? Ich mein, Moral in alle Ehre, nich. Aber so weit dahf dascha nich gehn, dassie Kasse nich mehr stimp.
Nee, nee, es wa schon gans richtich so mit den Olümpiabeukott. Has was für die Moral getan, abers es geht dich nich ans Pottmaneh. Bloß mein Natalje, die klopp da ihre gehässige Schnacks über. Natalje sacht: »As prifat finanziäte un von uns Schtaat kommandiäte echche Doitsche«, sacht sie, »hätten uns Spohtler bei die Olümpijade nich durch die Röhre kuken brauchen, wärn sie rechzeitich durch die Röhren da hingekrochen. Mit die Röhren durch die Röhren zu Moos, Moral un Medalljen. Wen aber das Kriechen nich ehrt, is Moos un Medalljen nich wert. Moral is, wenn man trozzdem ümmer so weitermach. Moral is ehm für das Gewissen ein, finanziell gesehn, ganz schlechches Ruhekissen!«
Asso, Macker, nu komms du! Wie komp die debei? Bei so was? Ich glaub, es muß ma überprüf wern, was die für Senners hört! Was die sich da her kricht, ischa glatt unmoralisch!

Vonnie sittliche Ähziehunk

Noilich auffie Straße treff ich Jonni Rehbehn; un was soll ich dir sagen, da nieten ihn doch bald zwei lütte Gören um. Karjohlen da mit Fahrrad auffen Böhgersteich. Nu komms du.

»Has das gesehn un belep, Kuddl«, sacht Jonni. Ihm wa so innie Brass, ihm hatte richtich sonn Trippolo oder so innie Stimme. »So ehm un ehm hasses geschaff«, sacht Jonni, »dassu as Frührentner noch gehfähich aus deine Klamottenbude rausgekomm büss, da fahn dich die vedreihten Görn auffen Böhgersteich zum Krüppel. Kuddl«, sacht er, »das komp vonnie antiautoritäre Ähziehunk. Kein Reschpeck vor olle Loite, Menschenknochen un Lehm!«

Da sach ich: »Du schnacks so«, sach ich, »as den Schtaatsekretär für Schulen in Niedersachsen es schreiben tut.« Da hat Jonni mir mit sein Krückstock voä die Nase rumgefuchtelt un gesach, dasser sich nach sonnen Beinaheunfall un Schreck innie Mohgenstunne nich auch noch beleidigen läß. »Ich bün kein Fahrisäer un kein Schriffgelehrten«, sacht Jonni.

Asso, ich hab gesach, ihn muß das ma sachlich un wirtschafflich sehn. Die lütten Kinner sünd bei uns Mangelware, wo scha die kinnerlosen Pollitikers am meissen über schammern tun. Un düsse Mangelware fahn wir massenhaff mittie Autos doot. Da sünd wir Doitsche abselute Weltspizze. Da'um müssen die Kinner hoitigen Tachs mit Rad auffen Böhgersteich fahn. Denn wir brauchen ihr. Demnächs, as Ahbeitskräffe. Bevor wir ihr denn durch Mikroprofessoren ahbeitslos machen könn. Solln wir vielleich noch mehr Ausländer reinholn, die scha keinen ham will? Bloß ihre Ahbeitskraff?

»Jonni«, sach ich, »wen das Asühlrech nich ehrt, is die Bähliner Mauer nich wert. Un wen die Kinner nich mit Fahrrad auffie Loite losläss, den liecht nix annie Entlassunk

der Rentenkassen. Auf scheden Fall is düsse Technik billiger, as Fahrradwege baun, Ahbeitslose debei beschäffigen, abers dafüä die Steuern erhöhn. Jonni«, sach ich, »die Fahrräder auffen Böhgersteich aähspahn uns E 605 in Rentnerkaffe, Steuererhöhunk un Vollbeschäffigunk.«
Da wollte Jonni nix von ab wissen. Ihn sieht je ein, dassie Menschen die einkliche Lass sünd. Die Rentners belassen die Kassen, die Ahbeitslosen belassen die Vesicherunk un die Kinner belassen die Schtaatsausgahm. Es is mit die Menschen ehm allns eine Lass. »Die Menschen«, sacht Jonni, »sünd ehm die Lass auf ein orntliches Wirtschaffswachstum. Abers«, sacht er, »wie soll das allns schemals wieder richtich funkscheniän, wenn wir die Görn auch noch antiautoritär ähziehn? Wir brauchen Leissunk, Konkerrenz, Wettbewerb, Ausscheiden der Schwachen aussen Mahk. Bei düsse antiautoritäre Ähziehunk komm die doch auffie Ideh un machen nich mit, was von ohm befohln wird. Un, Kuddl, undoitsch isses auch noch, düsses Antiautoritäre!«
Ich sach: »Du, Jonni«, sach ich, »wie isses einklich, sezzen die Kinner nich bloß den Leissunkswettbewerb auffen Böhgersteich foht, den sie auffie Straße mang die Autos un Fahrräders gelähnt ham? So ganz autoritär?«
»Mensch, Kuddl«, sacht Jonni, »wo sollen wir ollen Loite denn hin?« – Ich sach: »Wir«, sach ich, »wir Sozealgepäck? Wir gehn nachie Wahl mit Strauß zum Ananaszüchten nach Alaska. Das is denn ma ’ne Umweltentlassunk auf breite Front un in sozeale Pahtnerschaff. Un deine Autorität has denn gleich mit.«
Asso, Jonni Rehbehn will bleiben. Nu komms du!

Vonnie Beleidigunksveöffentlichunk

Macker, ich muß mir rehwidiern. Ich hab scha gesach, in düssen Wahlkamf is nix los. Das Olle wird wieder aufgewähmp. Den einen vekäuf tehoretisch links, un den annern tehoretisch rechs dieselbe praktische Wickze. Die machen sie denn alle. Das is so, as wie mein Natalje sacht. Sie sacht: »Den Unnerschied zwischen einen Rentenbetrüger un einen Volksbetrüger«, sacht sie, »ischa da'in zu sehn, daß den Volksbetrüger innie Oppositschon wa, as die Regierunk die Rentners ummie Penunse beschissen hat. Mang Regierunk un Oppositschon geht es nich mehr um Alternatifen innie Sache gewissermaßen. Hoite is die Alternatife, von wen du in die Sache gewiß, aber mit Maßen, betrogen werden wiss.« Nu komms du!

In düsses demekratisches Weckzelspiel gibb das abers doch was Noies, Kollege! Das is die Wahlkamfschiedsstelle. Ihr behannelt alle Aussagen as sochche, bei die du nich gesehn, abers von alle gehöät wern wiss. Kuk, da'um sünd die ollen Kamellen innie Fähnsehdiskuschonen so langweilich unnie Nachrichchen über die noisten Pöbeleien so bannich intressant. Unnie Wahlkamfschiedsstelle is den Oht, wo die Pahtein dafür sohgen, dassie Auswüchse des Wahlkamfes, assie sagen, in den Himmel wackzen. Da verschaffen sie sich weckzelseitich Gehöä, was so anliecht.

Nu ham ich un mein Natalje 'ne Ideh entwickelt, daß, asso, 'ne Mischunk aus Geißler un 'ne stännige, öffentlichrechliche Beleidigunksvebreitungsschiedsstelle all unse Preblemе lösen tut, die wir mit die freie Vebreitunk von freie Meinungens ham.

Das allns verstehs du nich, Macker! Tööf ma ab, und höä ma zu. Asso, ersma den Geißler. Das ischa 'n Ass auf die Fiedel. Ich hab scha gewuß, daß frühere Zeit die Jesuiten sich gegeißelt ham. Ich hab abers nich gewuß, daß den Geißler ein Jesuit is. Düssen Macker sachte, den Schmidt is keinen Betrüger in strafrechlichem Sinne. Nöö, mitnichchen! Schmidt is einen pollitischen Rentenbetrüger. »Aha«, sacht Natalje, »mit pollitisch devoä isses ganz was anners. Kuk, Kuddl, wennu Polletik davoä sezzen tus, isses keinen strafrechlichen Tatbestand in engeren Sinne, weil doitsche Polletik in weiterem Sinne strafrechliche Tatbestänne erfüllen tut. Da'um machen sie weiter mit Betrüger aller Aht. Bloß du darfs nich sagen, dassie moralisch nich innie Lage sünd, uns pollitisch zu führen. Denn bei uns sünd pollitische un Volksbetrüger zu pollitische Führunk moralisch kwalifiziät. As sie fessgestellt ham.«

Kuk, Kollege, dascha schon ma wichtig, un kriegen das zu wissen von Sachkunnigen. Nich? Strauß wa, asso, kein Kidnäpper in strafrechlichem Sinne, as ihm die Spiegelredakschon überfalln un Ahlers un Augstein achter schwedische Gehdiens bringen ließ. Strauß wa einen pollitischen Kidnäpper. Indem ihm das Grundgesezz nich unnern Ahm, sonnern aus pollitische Grünne des Schtaatsschuzzes, das Grundgesezz als Brett vorn Kopp hatte.

Un nu, Macker, wolln mein Natalje un ich düsse Beleidigunksstelle, erssens, zu 'ne Dauereinrichchunk machen, un zweitens, wir wolln ihr sozealisiän. Scheden dahf ihr zur Vebreitunk von seine Beleidigungen – abers mit den Geißler seine Technik – benuzzen. So was nüzz schon ma den Böll. Weischa, düssen Nohbelpreisträger. Denn könn die Macker bei Springer unnas Fähnsehn, die düssen Kollegen nich das Wasser reichen könn, ihn nich so unner die Wasserlienje von ihre Scheißkübel drücken, daß den Böll nix mehr dagegen sagen dahf, sonnern schahrelang das gurgeln un damit vor Gerich muß.

Denn, asso, bei uns Süschtem kanns du beikomm un bunnesweit sagen: Beis bayrische Fähnsehn üp den Mühlfenzl eine Ausgewogenheit aus, die eine pollitische Zensuä

gleichkomp. Mühlfenzl is einen pollitischen Grundgesezzschädiger. Da'um wird bei Funk un Fähnsehn in Bayern demnächs as pollitische Pausenmelodie gespielt: Dont mühlfenzl mi in!
Vielleich mellen sie auch: Natalje Schnööf, geborene Piepenbrink, hat gesach, den Ackzel Zesah Springer is einen pollitischen Vestannesmörder, den nich bloß die Dummheit von annere Loite zu sein Geld mach – ihr, asso, enteichnet – sonnern auch den noch sizzen läß, den nach seine pollitischen Idehn den Dutschke praktisch aussie Pantienen geschossen hat. Das is pollitische Vaterschaffsverleuchnung.
Oder noch was: Nach Ansich des ahbeitslosen Rotationers Rehbehn leidet den stahken Ahm vonnie doitsche Gewerkschaffen an pollitischen Muskelschwund. Deshalb beten sie mit die evangehlschen Kichche für die Ahbeitslosen um ein mohdänes Berufsausbüllunkssüschtem. Mit den Ressbestand von pollitische Muskelkraff hatten sie die lezzen Ahbeitsdirektoren ins Amp gebrach. Indem dieselben als sozeale Veränderer pollitisch überfohdert un as Sozealhelfer pollitisch überbezahlt sünd.
Oder, Kollege, höä ma zu: Den Voäsizzenden von Freidenkerveband, von den aus pollitische Grünne kein Aas weiß, daß es ihn geben tut, hat den Paps einen pollitischen Schaumschläger vonnie sozeale Gerechichkeit genannt, den mittels densölben die ahmen Loite innie Entwicklungslänner einseifen tut, damit die Reichen sie mit ihre pollitisch wohlähwohbene Rechche, sozeal besser rasiän könn. Abers alles düsses Gesachte is nich in strafrechlichen Sinne gemeint, un es sacht nich, daß alle düsse Loite nich moralisch innie Lage sein täten, ihren Laden so weiter zu führen, wie sie ihn nachas besachte Gesachte führen. Moralisch gesehn sünd sie befähicht, uns wen weiß wohin zu führen.
Nu komms du, Kollege. Is das nich 'ne prima Sache? Was sachs du? Nöö, ich hab kein Jachtschein. Ich bün voll zurechnunksfähich. Die Pollitikers ham aber ein. Ein Jacht-

schein. Richtich, die sünd je geissich immun! Oder so. Abers ich nich. Du, Kollege, höä ma zu: Ich will nix gesacht ham, un behauppe das Gegenteil. Sons kriegen sie mir noch vor Gerich . . . Mensch!

Vonnie Vehaltensmusser

Gelegentlich, Macker, fühls dir as Doitschen richtich erhoben. Habbich selps belep, du! Da ham sie ins Pantoffelkino 'n Film gezeicht über Nepal unnie doitsche Entwicklungshilfe. Nepal is keine Strumfmahke! Was denkst du woll? Issen Könichreich in Himmaleija.

Tschä, un die da ohm in ihre gebirgige Heimat, die haun die Bäume ab. Und dann komp den Regen unnie Ähde spült wech. Un da wächs denn rein gahnix mehr. Die Kollegen sägen nich bloß an den Ass, auf den sie sizzen; nee, du, sie verfeuern ihm auch noch. Das is nich Schwachsinn. Das is Vehaltensmusser, sagen sie.

Un mittels die doitsche Entwicklungshilfe wird das nu anners. Indem die ollen Vehaltensmusser – as sie sagen – verännert wern. Sie flanzen nu Bäume, unnie Ähde bleip; sie gehn mit das, wassie ham, vernünftich um. Un bei lütten ham alle genuch zu fressen un zu heizen.

»Natalje«, sach ich, »is das nich ein ähhebendes Gefühl? Da büss doch mit deine Steuern ma an was Venünftiges un Edles un Selpsloses an beteilicht. Hieä berapps du deine Steuern ma nich, damit Flick seine Steuermilljahden nich bezahlt. Hieä geht dein Geld ma nich annie Unnernehmers, damit sie nich annie Straßenecken um Brot betteln müssen, sonnern Mikroprofessoren entwickeln, die, wenn sie in Betriep vohne einziehn, uns achtern rausmaschiän lassen. Nee, hieä hilfs mit deine Steuern ma 'n paa ahme Schweine, die das nötich ham. Ich komm mir richtich selpslos vor.«

»So selpslos«, sacht Natalje, »is dascha nu wieder nich, Kuddl. Is in unser eigenes Intresse!« – »Wieso?« sach ich. »Kuk«, sacht Natalje, »dascha so: Wenn wir die Nepalesen die Vehaltensmusser, mit die sie sich selps umbringen – assie sagen –, asso, wenn wir sie die abgewöhnt ham, denn könn die

Nepalesen bei uns Entwicklungshilfe leissen. Denn gewöhn die Nepalesen die Doitschen die Vehaltensmusser ab, mit die wir Boden, Wasser, Luff un uns selps umbringen.
Is reinen Egoismus, Kuddl. Von unse Seite aus. Drück bloß den Daum, dassie Doitschen in Nepal bald so weit sünd. Damit die Nepalesen bei die Doitschen anfangen können, bevor es zu spät is.«
Macker, nu komms du mittie Vehaltensmusserei!

Vonnie Verdreggunk

Öih, Macker, sach ma, machs du gähne Rätsel lösen? Kreuzwohträtsels, Rösselsprünge un so? Du, denn ham ich un mein Natalje 'n prima Tipp für dir. Wir beide lösen ümmer den Dregger seine Schnacks über Schtaat un Sittlichkeit auf. Düsse Entdreggerunk is für uns einen Kwell von stännige Froide. Seine Reden muß du auflösen als Rösselsprünge. Bring bannich Spaß, ein Roß auffie Sprünge zu komm, indem du da achter komms, daß unsenein debei den Ockzen spieln soll.
Kuk, nu isser auf den Trichter gekomm, daß den Schtaat da Schuld zu is, wenn Raub, Mohd un Suchgefah unner die schungen Loite wackzen. Dregger sacht, den Schtaat ohne Dregger schüzz die böhgerlichen Freiheiten zu wenich. Da'um, sacht er, ham wir ein Ähziehunksdefizit un eine Orjentierunkskrise, asso, bezüchlich die Sittlichkeit un all sonne Sachen.
»Arrharr«, sacht Natalje, »Kuddl, marks Müüs? Ers den Schtaat mit Dregger wird zu die Veköhperunk vonnie sittliche Ideh. Un mittels düssen Schtaat wird denn die böhgerliche Freiheit das Defizit, an das sich die Ähziehunk sittlich orjentiät.« Ich sach: »Das ischa reinen Kwatsch«, sach ich. – »Un das, was den Dregger sacht, is das vielleich kein Kwatsch?« sacht Natalje. Nu komms du.
Asso, Natalje sacht, dascha die böhgerlichen Freiheiten besser sünd as gah keine. Aber, sie sünd innie Prackzis ümmer das Gegenteil von ihre Tehorie. Lauf nich wech, Kollege, höä ma zu!
Die böhgerlichen Freiheiten, sacht Natalje, sünd as wie ein Kamel, von Sachverstännige konstruiät, das ein Ferd sein soll. Beischpiel! Was soll den Menschen sein? Den Menschen sei edel, hilfreich un gut. Das is die Tehorie. Un was is Prackzis?

Steht in schede Kneipe angeschrieben: Geborcht wird nich! Ohne Geld kein Schnaps. Ers den Zaster macht den Kröger so edel, dasser dich zu 'n Köm verhilf. Hannelt ihn nachie Tehorie, isser schnell pleite. Weil seine Kredite ehm nich durch den Schtaat verbürcht wern. As bei die Ossgeschäffe. Wascha einklich gegen die Böhgerfreiheit is. Da hat den Dregger aber nix gegen. Indem ihm sons keine Wahlspenne kriegen täte.

Nu frach ich dich: Wozu will ihm in alle düsse böhgerlichen Defizite auf hin ähziehn? Soll vielleich 'ne ganse Generatschon von Kneipjehs pleite gehn? Dascha woll nich in Sinn vonnie sittliche Orjentierunk.

Es is ehm so: Du tus in alle böhgerliche Freiheit, was du nich tun soss. Du soss gegen Raub sein, abers bezahls uns Agrahpreise. Netürlich büss gegen Mohd. Abers freie Bürgers fohdern freie Fahrt. Selpsveständlich soll keinen süchtich wern. Abers schließ den Dregger vielleich alle Kömkochereien un lecht alle Bieäbrauereien still?

Kuk, hieä siehs du, as wie aus ein Orjentierunksdefizit 'ne Ähziehungskrise wern tut. Is ehm genau umgekehrt, as bei den Dregger seine Sprünge.

Natalje sacht: »Bei düsse pollitische Verdreggunk«, sacht sie, »isses as wie bei den ketholischen Passer, den Kichchenschäzze klaute. Einerseits lach ihm auffie sittliche Generallinje, annerseits kam ihm bei die böhgerlichen Freiheiten von Eigentumsbillunk da mang durch. Asso, dascha so, as wie Rosenthal auffe Mattscheibe sehn un keine dabei kriegen.

Innie Bibel steht: Ihr sollt keine Schäzze anhäufen. Ihr könnt Gott nich dienen und dem Mammon! Asso, da lach den Passer richtich. Abers die böhgerliche Freiheit sacht: Nimm, waste kriegen kanns, abers laß dich dabei nich erwischen. Ehm das macht je den Unnerschied zwischen 'ne Bank un den Bankräuber. Oder?

Den hat den Passer, asso, gemäß die böhgerliche Freiheit das Geklaute prifatisiät. Da ischa den Dregger auch für. Abers ihn

is gegen das Erwischtwern. Da'um fracht auch keinen, as wie die Kichche an ihre Schäzze gekomm ist.
Aber, nehm wir ma an, besachten Passer hätte die sittlich fehlorjentiäten Kichchenschäzze vesilbert, un den Zaster die Entwicklungshilfe gegehm. Ihm hätte, asso, die sittliche Generallienje doppelt vetreten: Die Schäzze enthäuft und schene gegehm, die nix ham.
Nu frach ich dich: Was tut Dregger sein Schtaat denn? Richtich, auch den kricht ihm den Passer beim Schlawickel. Un was heiß das? Eigentum, bei das seine Ähwerbunk du nich erwisch worn büss, is wichtiger, assie doppelte sittliche Generallienje.
Isses da 'n Wunner, dassie Loite nach den Zaster süchtich sünd, auch wenn sie mit Mohd un Raub da ran müssen? Na siehste!
Was sachs du? Bei sonne Defizite isses scha kein Wunner, dassie Ähziehunk da aus bestehn tut! Das isses scha man. Wenn Dregger sein Schtaat die sittliche Ideh veköhpert, un Dregger die Veköhperunk da von is, dasser vonnie Sittlichkeit keine Ideh hat, wie soll da die Ähziehunk aussie Defizite komm?
Natalje sacht: »Was die schemische Innuschtrie für Doitschlands Strom, is Dreggers sittliche Orjentierunk für die Natschon!« sacht sie. »Nix ischa so schlimm, as wenn du nich so tun könntes, as wiss du was dagegen tun, wo du nix gegen tun wiss. Das is die sittliche Orjentierunk von Wahlkamf. In alle böhgerliche Freiheit. Is beinah, as wie Scheckfälschunk. Is abers erlaup, indem Wahlschecks nich eingelöss wern!«
Nu komms du!

Vonnie konsumiänden Röhren

»Du, Kuddl«, sacht Natalje, »höä ma zu, mein Bessen! Wennu noch 'ne Ideh höher mitten Finger inne Nase bohrn tus, stöß du auf die Gehirnresse. Kuddl, nehm den Finger aussie Nase! Mit knappe Vorräte, da solln wir spahsam mit umgehn!«
Macker, nu komms du! Is das 'n Aht? Hör ma zu! Bei düsse drehend-schraubende Bewegunk mit den Zeigefinger, nich, du, da komm mich ümmer die bessen Idehn. Ich stoß da gewissermaßen auf geissigen Rohstoff bei. Noie Idehn, Kollege, das isses scha man. Die brauchen wir, un ganz nödich. As Rohstoff. Wennes anstatt den Kladderabums mit die ollen Rohstoffe 'ne orntliche noie Scheiße gehm soll. Idehn müssen auf breite Front entfaltet wern. Un dascha gahnich so einfach. Die Pehtein falln in Wahlkamf ja nich ma mehr noie Veloimdungens ein. Sie komm schon bei die ollen ganz mang durch.
Nu sünd schon Demekraten für Strauß. Dascha so, as wenn den Schmidt füä Pehteitachsbeschlüsse sein täte. Asso, ischa as wenn die Filzläuse den Sanitäter Noimann seine graue Salbe erfunnen hätten. Ich mein, so geht es scha nich!
Nehm wir bloß ma uns Vekehrsprobleme as sochche. Ham wir vielleich 'ne Ideh vonnie Ahnunk, was wir ans Enne vonnas Benzinauto-Zeitalter machen solln? Na siehste! Da hat auch den Vekehrsminisser Gescheitle nur sein Nahm zu bieten. Un den is tetal irreführend. Asso, den Kollegen kann ja bloß froh sein, dasser nich noch as wie das Gegenteil heißen tut! Wär 'ne glatte Entlahfunk vonnie Prackzis.
»Weiß du vielleich, was wir machen solln?« sacht Natalje. »Sach bloß, du has 'ne noie Ideh.« Ich sach: »Dascha nu grade nich«, sach ich, »abers ich laß mir je auch nich Gescheitle nennen. Schedoch un ümmerhin, mein Besse, hab ich bei

mein Nasebohrn ümmerhin zwei wichtige Sachens gefunnen!«
»Das soll mir ma velangen«, sacht Natalje.
Ich sach: »Asso, erssens«, sach ich, »habbich das Gesezz vonnie konsumiänden Röhren entdeck. Danach müssen wir umso mehr Sprit vebrauchen, je weniger wir davon haben. Un zweitens habbich ein tetal leissunksbezogenes Zulassunkssüschtem für alle Vekehrsteilnehmers gefunnen. Das brauchen wir, indem durch mehrmaliges Abschneiden noch nie was länger gewohden is.«
Mein Natalje wollte furts die Klapsmühle antellefoniän. Nu komms du! Tschä, asso, du, das liecht da an, daß sie nich in Kopp will, daß in ein mahkwittschaffliches Süschtem du nich davon ausgehn kanns, daß die Venunf auf einen direckten Wech ans Ziel komm tut. Wennu – mahkwirtschafflich gesehn – von Kiäl nach Hamborch wiss, denn muß dich 'ne Vebinnunk über Frankfuät ausklamüsern.
Ich sach: »Zuers das Gesezz vonnie konsumiänden Röhren«, sach ich, »dascha so. Wir halten die Gewinne vonnie Ölscheichs in Kopp nich aus, indem uns die Gewinne vonnie Ölmultis nich in Kopp dürfen. Abers berappen tun wir beide. Un damit doppelt. Was passiät? Heil unsen Führer, allens wird dürer. Un so weiter. Wir machen uns Sohgen. Was passiät? Wir saufen noch mehr, as wir sons schon zuviel saufen. Hieä steicht den Spritvebrauch. Un was du an Doppelkohn in dich reinschüttes, das kanns nich in 'n Autotank kippen. Fähnä: sche teurer den Sprit wird, um so mehr Autos wern vekauf, um so mehr steicht den Spritvebrauch. Asso, sche weniger wir davon ham, um so mehr müssen wir davon vebrauchen. Un zwah, wie dort, so auch hieä, gleich doppelt. Indem den Chomeini ans Ruder is, unnie Ölföhderunk nich in Gleichschritt mittie Apmurkserei steigen läß – das klappte je wenichsens bei den Schah un deswegen wa ihn scha ein Froind von wessliche Werte –, wird Sprit knapper, un wir vebrauchen da mehr von. Un denn

saufen auch wir noch mehr Sprit, statt ihn as Anti-Chomeini-Waffe innie Autos zu kippen.«
Natalje sacht: »Kuddl«, sacht sie, »dascha Wahnsinn as Methode.« – »Nöö«, sach ich, »das issas Gesezz vonnie konsumiänden Röhren. So wie damalige Zeit innie Schule. Da hatten wir das Gesezz vonnie kommuniziänden Röhren. Has ihr schräch von links nach rechs gehalten, wa vohne wenich un achtern viel in. Das is Gesezz. Abers, da wir nich mehr kommuniziän – assie sagen –, sonnern konsumiän, heiß das Gesezz hoite: Sche weniger vohn in is, um so mehr muß achtern da veknallt wern von!«
Un düsses, Kollege, das führt uns zu dein Kuddl sein zweite erbohrte noie Ideh. Düssen Zustand müssen wir – bezüchlich den Verkehr as sochchen – in ein tetales, leissunksbezogenes Ohdnunkssüschtem bringen. Un wen mach dieses? Den Schtaat as sochchen!
In ein mahkwirtschaffliches Süschtem isses scha nich die Aufgabe von Schtaat, gegen den Wahnsinn gegen anzugehn – scheden bei uns hat sein Rech auf Wahnsinn, so lange ihm sich wirtschafflich verwerten läß; sons – Klapsmühle! Aufgabe des Schtaates isses, den Wahnsinn in 'ne orntliche Methode zu bringen. Gemäß allens, was Ahmtland, das sittliche Gesezz in uns, un die Agrahpreisohdnunk über uns velangen. Tschä, un düsses Süschtem hab ich gefunnen. Nu komms du!
Da ham wir zunächs den ÜBM-Schein. ÜBM heiß: Überlehmsschangs bezoffener Menschheit.
Gemäß das Gesezz vonnie konsumiänden Röhren – asso, den doppelt steigenden Spritvebrauch – erhep sich die Frage: Wen von uns soll einklich ümmer mehr von ümmer weniger vebrauchen dürfen? Die Antwoht ischa klah: Die Leissunksfähigen! Un wen sünd die Leissunksfähigen? Auch das ischa klah: Die noch mehr saufen, könn noch mehr Auto fahrn.
Düsse doppelt Leissunksfähigen werden in Vekehrserziehunksparks ausähwählt. Da lassen wir Autofahrers, Motorräders, Fahrräders mitsamp Fußgängers auffenanner los.

Latschers un Fahrers ham eine Sache gemeinsam. Sie müssen wenichsens 4,5 Promille ham. Innen Akkehol dahf, asso, auch Blut in vorkomm.
Kollege, unner die Hääschaff vonnas Gesezz vonnie konsumiänden Röhren – mit sein doppelten Spritvebrauch –, da kann es scha woll nich angehn, dassu ein besoffenen Autofahrer den Führerschein apnimms, oder? Sonne humanen Gefühlsduseleien konnten wir uns leissen, as wir Spritüberfluß hatten. Abers hoite hääschen Mangel un Mehrvebrauch. Da geht das um alles, was wir so schwer erahbeitet ham. Die dooten Humanen billen Humus. Auf so was wäcks denn 'ne noie Genneratschon von leissunksfähige Doppelvebraucher.
Ich mein, dascha denn endlich ma wieder einen echchen Konkerrenzkamf. Wen das nich umbrink, den mach das bloß stähker. Fähnä passen wir duch sinkende Zahlen die Menschen die Mahklage an. Alle Loite, die düssen Wettbewähb dreima überstannen ham, sind unner das Gesezz vonnie konsumiänden Röhren Anwähter auf uns Leissunkselite. Sie kriegen den AKW-Schein.
Das hat mit Atom-Kraff-Wähke zunächs ma nix zu kriegen. Allerdings kriegen düsse Loite stahk vebillichtes Bauland un billige Eigenheimkredite. Auffie Atommülldeponie. Außerdem kriegen sie die Ähläupnis, frisches Wasser zu trinken. Aus den Rhein. Denn, wen das Vekehrsauswahlsüschtem überlep hat, den schmeißen sonn paa annere lütte Belassungen auch nich um. Sie wern die Urahnen von eine in schede Beziehunk strahlende Rasse.
Die richtige Übersezzunk von AKW-Schein lautet da'um: Akkeholisierte Wunnerknabe.
Tschä, asso, mein Natalje sacht, wir wolln den Vauweh sofoht apstoßen. Egal, mit was für 'n Verluss. Den Ausleseprozeß is sie zu gefährlich. Ich sach: »Das«, sach ich, »geht nich! Ausnahm könn nich gedullet wern. Auch as Latscher muß du mit rein unnie Prüfunk überstehn. Natalje, das is den

Gleichheitsgrundsazz. Steht in Grundgesezz! Deswegen muscha auch den Sohn von einen mehrfachen Milljenär wenichsens ehm so gut doitsch könn assas Kind von ein Gassahbeiter, nich, wenn er 'ne Lehrstelle ham will. Un wie dort, so auch hieä. Das Gesezz in seine Gerechchichkeit dahf keine Eckstrawurss dullen.

Da'um, Natalje«, sach ich, »muß du dich als Latscher mang den Vedrängunkswettbewerp vonnie besoffenen Fahrers bewähren. Auch hieä wern Nichleissunksfähige glatt ausgemähz.« Natalje will abers trozzdem lieber als Latscher teilnehm. Ihr sacht, sie is diesbezüchlich hoite schon ins Trähnink.

»Wohlgemerk«, sach ich, »auch du mit 4,5 Promille. Das ähfohdert die Schangsengleichheit. Den Fahrer hat, zunächs, den Vorteil, daß er duch 'n Kühler oder so geschüzz is. Den Vorteil kanns du abers ausgleichen, indem du dein Brett vor 'n Kopp als Barrikade aufbaus. Für erfolchreiches Bestehn vonnie Prüfunk kriss den WLÜ-Schein für. Das bedoitet: Wird länger überlehm! Mit düssen Schein ähwirps du die Garantie, dassu bei eventuell auftretende Vesohgungskrisen so viel Sprit kriss, daß es tächlich für 4,5 Promille langen tut. Dem Lehmstüchchigen das, was ihn für düsses Lehm tüchtich macht!«

Kuk, Macker, duch düsses Süschtem mit seine Berechdigunksscheine – die sünd as wie Abituä bezüchlich das Gesezz vonnie konsumiänden Röhren – passen wir die Menschen der Mahklage tetal an.

Mein Natalje abers sacht, daß den Schtaat as Ohdnunksmach vor alle Dinge, nich, das Nasebohrn vebieten muß. »Denn deine Idehn, Kuddl«, sacht sie, »sünd so besengt, dassie schon wieder Helmut den Erssen sein Realismus erreichen. Vons Niewoh her gesehn. Abers wenn die Loite da achter komm, dassie Realität das Besengte is, wo solln denn Ohdnunk un Schtaat ableim? Ersses Ähfohdernis des Gesezzes vonnie konsumiänden Röhren ischa, dassa nich über nachgedach wern dahf. Da'um: Saufen geht vor Nasebohrn. So lange Vorrat reich. Un wenn den alle is, hat das Denken sowieso sein Rech velorn. Da treten denn die Lehrpläne für Sekundärsstufe zwei aus Bayern voll in Kraff.«

Macker, nu komms du. Kinders, kauf Taschentücher, es komm rozzige Zeiten! Wen denn kein Tuch hat, kauf sich keines mehr. Weil denn das Gesezz vonnie konsumiänden Röhren bestimp, daß unsenein durch dieselben nur noch zu kuken hat.

Siemens for President

Öih, Macker, nu ham wir schon wieder 'ne Sohge mehr, die einklich gahnich unse Sohge is: Wen soll Bunnespräsident wern?

Wenn wir düsses asso ma genau genomm bekuken, so geht uns das gahnix an. Is Sache vonnie Pallamente un damit vonnie Pehtein. Indem die Schtaatsgewalt as sochche irgendwie ma von uns ausgegangen is – so wie ein Reifen die Luff ausgehn tut –, issie da gelannet un hat sich vekrümelt.

So wähln wir den Bunnespräsidenten nich selps. Nachdem wir as Volk as sochches je ma den Hinnenburch gewählt ham un mit düsse Wahl unnerdurch gingen, wolln die da ohm düssen Fehler in Zukunf auch ganz alleine machen.

Das is ehm repräsentatife Demekratie. Un repräsentatife Demekratie is, wenn die da ohm – ihr Gewissen folgend – sich freiwillich so tumpich benehm, wie sie meinen, daß wir es sünd.

Ihr Präsident is denn uns Präsident. Das is eine vonnie wenigen Sozealisierungen, die in uns Vefassunk vorgesehn sünd. Sons isses scha meissens so, was uns is, das is auch ihr. Abers, was ihr is, das is noch lange nich uns. Bei Geld un Ackzien un so. Abers bei den Präsidenten nich. Den is auch uns.

Mein Natalje sacht, daß den Präsidenten – asso, uns Präsidenten – deswegen ein Musser ohne Wert is. Nu komms du! Un zu sagen, sacht sie, hat ihn sowieso nix. Un wenn es so is, sacht sie, könn sie je auch mir, Kuddl Schnööf, as Präsidenten nehm. Schung geüp is alt getan. Wenn schon den Präsidenten das Volk as sochches dahstelln tut, denn bün ich da bessens geeichnet für. Nu komms du!

Asso, ich sach: »Das geht nich«, sach ich, »wo denks du hin? Kuk ma, sonnen Bunnespräsident hat was dahzustelln! Uns

Schtaat un Volk as sochches. Un wenn sie mir nehm, denn sacht scheden: Mit sonn Volk is kein Schtaat zu machen! Ein Bunnespräsident, Natalje, den muß gewissermaßen die Hoffnunk annas Grab flanzen. Was düsse demekratische doitsche Repeblik is un was ihr wern soll! Wenn die annere auch bloß so heiß, so kann düsse – vielleich – tatsächlich eine werden. Un da, da bün ich as Ahbeiter nich geeichnet für. Ich bün bloß da auf träniät, was Wirkliches herzustelln. As Präsidenten muß ich was Unwirkliches dahstelln. Ich kann nich as Frackstänner rumlatschen. Ich kann nich Reden vorlesen, wo sich die Loite achterran fragen, ob du überhaup was gesach has!« – »Dafüä kanns du«, sacht Natalje, »das, was du nich zu sagen has, wenichsens fließend vorlesen. Auch das hat je nich ümmer geklapp!«

Nu komms du.

Tschä, un denn sacht Natalje, asso, wenn ich as Volk nich sein kann, es abers ummie Dahstellunk von uns Repeblik gehn tut, denn solln sie as Bunnespräsidenten ümmer den scheweiligen Generaldirekter von Siemens nehm. Natalje sacht, dassie Pehtein sich auch den Ähger spahn, ob es nu wenichsens ein Häänreiter sein dahf, wo wir das Häänvolk nich mehr sein dürfen – indem es den Absazz vonnie Waren ins umliegende, befroindete, feindliche Ausland schaden tut –, asso, den könn wir uns spahn. Sacht Natalje.

»Wenn es ummie Dahstellunk von uns Schtaat geht«, sacht Natalje, »denn is Siemens primstens.« Schließlich hatte den Konnzähn doch ma was mit Beloichtunk zu kriegen. Un diesbezüchlich könn wir, rein polletisch gesehn, noch 'ne Menge vetragen. Wo selps Strauß meint, daß wir polletisch unnerbelichtet sünd. Siemens wird uns erloichten!

»Un wo, Kuddl«, sacht sie, »lannen alle schene Steuermilljahden, die Flick nich geschenk kricht? Sie lannen as Supwentschon bei Siemens. Wen kricht die annern Milljahden vom Schtaat für noie Technik, wo sie sich reich un oich zu höhere Schimpansen mit machen? Bei Siemens! Wen kricht

die Schtaatsmilljahden für Etomenergie, von die kein Aas weiß, ob es passiät, dassie funkscheniät, abers scheden weiß, was passiät, wenn sie nich funkscheniät? Siemens! Wen liefert uns weltrevollutschonäre Lieplinkskommenissen modähnste Ausrüssunk nach China, so dassas Unnernehmen die Gewinne un uns Schtaat das Risiko trächt? Siemens!
Kuddl, wenn den Schtaat schon 'ne Zweichniederlassunk von Siemens is«, sacht sie, »denn laß doch den Generaldirekter von Siemens gleich das büschen Bunnespräsident mitmachen! Siemens kassiät uns Schteuän as Präsident. Nehmp Siemens furts for President!« Nu komms du!
Ich hap gesach, dassas in eine Demekratie so direck nich geht. Wir berappen uns Steuän je auch nich direck an Siemens. Da schalten wir je auch noch das Finansamp un den Finansminisser mang. 'n büschen muscha auch die Fohm gewaht wern, nich?
»Nee, nee«, sach ich, »bezüchlich die Repräsentatschon von Schtaat un Volk, da läuf allens auf den Kahssens raus. Erssens, ihn wa bei Adje in zweiten Kriech Offezieä. Das is wichtich, indem wir mit ein Gefreiten schon ma bös in Brassel gekomm sünd. Zweitens, ihn hat ein gutes Gedächnis. Ihn weiß genau, in wechche Pehtei ihm hoite is. Drüttens, ihm is lähnfähich. Hatter as Schtaatssekretär bewiesen. Mit die Demekratie unter uns unnie Besazzunksmächche über uns, da hat ihm die doitschen Waffen nich eingesezz, er hat ihr an annere verhökert. Kuk, Natalje, is das nich 'ne prima Repräsentatschon von uns Volk? Indem wir as Schtaat Siemens sowieso erhalten bleihm!«
Macker, du machsas glauhm oder nich, mein Natalje folchte meine Aggemente. Natalje sacht: »Wenn es schon kein echches Musehumsstück für den Geiss von uns Vefassunk sein kann«, sacht sie, »denn liebä 'n Waffenhändler as ein Waffenträger. Auf 'ne gediegene Aht ischa den Kahssens für uns Volk das, was unsen Schtaat für Siemens is. Un wen unse Kredite will – ins befroindete, feindliche Ausland –, den wird

Kahssens seine Ähbsen innie Nase mögen müssen. Un schließlich un endlich isser scha auch noch nostalgisch. Dascha Mohde. Is irgendwie Kaiser un Krupp: Kahssens un Siemens. Bloß ech geläutert, Kuddl, as wir alle. Den noien Geiss in alte Flaschen!«

Nu komms du!

Vonnie Ihdentität

Asso, Macker, nachdem es den Scheel nich mehr is, es den Generaldirekter von Siemens nich sein soll, muß es scha den Kahssens sein. Wo den Scheel nich mehr hoch auffen gelben Wagen sizzen tut – wascha öhtlich un fahblich 'n orntliche Veännerunk gegen braune Panzers wa –, hat den Kahssens auffas böberste Schtaatsroß Plazz genomm. Ein paa vonnie Schwahzen kuken scheelsüchtig auffie Kossen vonnen Scheel sein Ruhesizz, in den ihn auffen Sprung steht für noie Aufgahm. Abers sie ham noch nich ganz das Richtige für ihm. Die Häästatt-Bank will ihm nich übernehm. Ihn wa scha schon ma Minisser für Entwicklungshilfe.
Ich hatte mir scha gedach – indem ihm scha aus fünf 'ne grade Zahl machen konnte –, wir machen ihn zu 'n Direkter von 'ne noie Einrichung. Scheel wird Leiter vonnen Haupvebandsplazz vonnie doitsche Demekratie. Da wern denn die Wunnen vebunnen, die sich die gleichen Brüder mittie gleichen Kappen selps geschlagen ham, wegen Mangel an Alternatifen. Den Strauß hat sich scha geweigert, richtich den Stieä zu machen, den Schmidt as Torero in den Degen läuf. Ihn hat sich bloß so benomm as ob. Außerdem kann düsse Stelle auch die Begrünnungen liefern für alle Abweichungen vonnie Grundsazzprogramme. Denn komm die Gewählten schneller zur Sache. Un wir sünd denn auch fixer da, wohin wir nich wollen. Den gansen noien Laden is denn sonne Aht Krebshilfe gegen die pollitischen Geschwüre annie doitsche Seele, die selps die Bildzeitunk nich wechdrucken kann.
Scheden Präsidenten hat uns scha was hinterlassen, nich, wo wir hoite noch was an zu knacken ham. Vielleich kann den Scheel ja knacken, was wir uns selps einbrocken. Vielleich sammeln die Demekraten für Strauß auch ma das Geld, damit ihn Ananas in Alaska züchchen kann. Abers Natalje sacht,

wennes wirklich Demekraten sein müssen, denn kann da nich viel Zaster bei raus komm. Ich mein, das soll man nich so eng sehn. Bei die Demekratie as Volks-Hääschaff isses scha ümmer die Frage, wo das Volk aufhört unnie Hääschaff anfänk.
Kuk, da sünd wir schon bei den Präsidenten Gustav Heinemann. Asso, düssen Kollegen wollte uns Doitsche petuh zu Demekraten machen. Da isser scha auch über wechgestohben. Abers seinen Schahrhunnertauftrach hat nu eine Stiftunk übernomm. In düsse sölbige sizzen nu Loite in, die Angs ham, dassie Pehtein vöä düssen Auftrach stiften gehn.
Oder, nochen Beischpiel as sochches, denk ma annen ollen Heuss. Das wa scha 'n Anhänger vonnie doitschen Gesangveeine, die die doitsche Innerlichkeit mittels Töne nach außen dringen lassen. Die innichsen Gefühle vonnas doitsche Wesen lassen wir da gemeinsam über 'n Knorpel aus uns rausschtrömen, nachdem wir ihnen vorher – über denselm – mittels Bieä in uns reingeplätschert ham. Aber, Kollege, was is mittie doitsche Innerlichkeit, wenn Bieä tatsächlich krebserregend is? Was wird aus Heuss seine Gesangsveeine?
Unnie Bunneswehr hatte den Heuss ja auch einen höchs zeitgemäßen Dauerauftrach gegehm. Sie soll schön siegen. Ins Manöver. Wen sorcht nu dafür, dassie Bunneswehr schtatt die Tohnado-Fluchzoige für zwannnsich Milljahden Mahk 'n paa Segelfluchzoige kricht? Für Manöversiege langen die scha auch.
Tschä, ummie Haupsache nich zu vegessen. All uns Präsidenten ham uns was Geissiges hinterlassen, wo wir von zehren konnten. Denk bloß ma an ollen Lübke! Den hat uns sche as Ähbgut nach 'ne Innonesienreise gesacht, daß Inseln Land sünd mit überall Wasser um rum.
Hauptthema von uns Präsidenten wa abers die doitsche Ihden-ti-tät as sochche. Sie meinten scha, daß ihr bei eine von uns viele Kehrtumwennungen innie Grabbel gegangen is.

Ih-den-ti-tät, Macker, is, asso, was wir sünd, wenn wir was sünd. Un schon bei den Lübke ging das damit los, ob er selps noch das is, wasser ma wa. Düsse Spuren folchte den Kahssens je nich. Ihn sachte ja furts, wasser wa. Was ihn is, weiß scheden. Un wenn ihn – geissich gesehn – die Spuren von Lübke trozzdem folgen tut, so ischa eins nich zu befürchen, daß ihn bei das Spurenfolgen errötet. Bei alle Schwankungen in seine Lehmslienje wa ihn ümmer gegen Kommenismus, Kollektifismus un Weltrevollutschon. Außer wennie Chinesen das machen.

Es is ehm nich so, daß uns Präsidenten nix zu tun ham. As mein Natalje ja meinte. Geld is ehm nich alles. Da muß 'ne Ihden-ti-tät bei. Ehm was Geissiges. Da is den Präsidenten zustännich für. Kollege, das is nich einfach. Such ma da was, wo du nix velorn has.

Asso, ich un mein Natalje sünd da bannich gespannt auf, was den Kahssens finnet!

Wannern mit Kahl Kahssens

Asso, Macker, indem wir das Volk der Richter und Henker nich gewesen sein wolln, isses nu die hohe Flicht von uns Präsidenten, dassie wenichsens so tun, as wenn wir wieder das Volk der Dichcher un Denker wern könnten. Da'um dichchen sie so vor sich hin, was wir waren, sünd un brauchen. Un habbich vorgessern noch gesach, mir soll ma velangen, was den Kahssens diesbezüchlich einfallen tut, nich, gessern habbich sein erssen Einfall schon gefunnen. Kahssens sacht, wir brauchen Traditschon. Nu komms du!
Mein Natalje sachte, ich soll sie da auch 'n paa Meter von kaufen. Ihr kann den Kahssens ehm nich veknusen. Aber, was Recht is, muß Recht bleihm. Den Kollegen hat Kurasche. Indem es bei uns je Traditschon is, daß uns Traditschon – asso, das lückenlose Anschließen annie Vegangenheit – ümmer 'n paa Lücken hat. Das gibb Loite, die sagen, daß uns Traditschon bloß aus Lücken bestehn tut. Lauter Bläckauts, assie schungen Loite sagen, wo Tragik un Vehängnis waltete un wir selps einklich gahnich debei wahn. Traditschon is denn scha as wie 'n Loch mit nix um rum.
Abers nu tritt uns Präsidenten Kahssens in düsses Loch un sacht was zu Traditschon. Doll, sach ich. Da muscha auch ma was zu gesacht wern, zu das Loch. So sünd die Kopporatschons annie Unität für Traditschon. Un deswegen, sachte sie ihrn Obermacker, wegen die Binnunk an Gemeinschaff un Werte un wegen billige Wohnunk – asso, wegen Traditschon – ströhm sie die schungen Loite zu. Sacht er. Un da haun sie sich mit spizze Säbels für auffen Dööz. So wern keine edlen Teile verlezz.
Dascha auch Traditschon. Bloß ich weiß nich, was Traditschon is. Kanns ja auch sagen: Seife is, wenn man keine hat, nimp man Bimsstein.

Unnu, Macker, kömp Kahl Kahssens. Ich lees dich das ma voä:
»Tradition bedeutet, lernen, empfangen, glauben. Sie ersetzt beim Menschen gleichsam das, was beim Tier der Instinkt ist.«
Nu komms du!
Asso, der muß sich je irgendwie was bei gedach ham, nich? Oder? Bloß was?
Kollege, wenn so ein beikomp un sacht so was, denn lohnt sich das, wenn unsenein da'über simeliät. Denk ma da über nach, du. Kuk, irgendwie hat den Macker dascha ümmer geschaff, sich rechzeitich auf ein annern Stuhl zu sezzen. Un denn ümmer da, wo Gott is. Den ischa mittie stähkeren Batteijohne.
Kahssens sacht so was, un denn steicht ihn um von Häänreiter auf Schussers Rappen. Is das nu Traditschon oder Inschtink? Oder beides? Oder is Traditschon in? Oder is den Stink in die Traditschon? Du, da soll unseneinen woll beikomm un denken nach.
Kuk, Schussers Rappen nimp ihm nich, weil die meissens schwahz sünd. Denn ein Schwahzen is Kahssens je nich. Auch nich in weiteren Sinne. Ihm ischa mehr ein Schwahz-Weiß-Roten. In engeren Sinne. Mit 'n paa braune Rossflecke auffie Wesse.
Natalje sacht: »Kahssens is unner die Latscher gegangen«, sacht sie, »indem ihm seine Hänne nich in Unschuld waschen kann, da will ihn wenichsens den Staup von seine Schuhe schütteln könn.«
Nu komms du!
As ich schon sachte, bezüchlich den Kahssens, da is Natalje nich obschektif in. Du, die trächt ihn seine Vegangenheit nach un schmeißt sie ihn voä! Bei so was kann je schedenein innas Stolpän komm. Nehm wir ma uns selps. Damalige Zeit ham wir gesacht: »Düsses Süschtem keinen Mann un keinen Fennich!« Un hoite? Hoite bringen wir für düsses Süschtem

den lezzen Fennich des lezzen Mannes! Bloß anne sozeale Gleichheit ins Massengrab, da lassen wir nich an tippen.
Bezüchlich den Kahssens liech ich mehr auf Pehteilienje. Mit Hinnenburch vor mein geissiges Auge. Asso, wenn es schon kein Demekraten in unsen Sinne sein kann, denn wenichsens ein, den die vielen annern, die es auch nich sünd, in den Glauhm wiegen könnte, daß sie es doch sein könnten. So besteht ümmer noch die Schangse, dassie sich aus Versehn demekratisch verhalten. Das is ehm das kleinere Übel. Un denn müssen wir bei den Kahssens hoffen, daß wir nich mit ihm vonnas hohe Roß auf Schussers Rappen komm, un anschließend vonnie Socken sünd. So as wie bei den Hinnenburch.
Aber, Kollege, düsse Gefah besteht einklich nich. Wir ham je hoitichen Tachs 'ne ganz annere Vefassunk as damalige Zeit. Den Hinnenburch, den hatte pollitisch noch was zu sagen. Während den Kahssens hoite – unse Vefassunk entsprechend – den reinen Repräsentanten vonnas Volk is. Asso, pollitisch gahnix zu sagen hat.
Kurz un klein, Macker, düsse Anspielunk von mein Natalje ihre Seite aus, das is nich den Kern der Lösung vonnie Rätsel des Pudels. Un überhaup, was heiß hieä Hänne in Unschuld waschen? Ich frach dich, wann hat ein von die da ohm bei uns schemals düsses Bedürfnis gehap? Wa ehm Tragik un so. Un wenn schon Schuld, denn in besse Apsich.
Is auch von mein Natalje aus tetal unlogisch. Kuk, sons is Natalje ihrn Schnack: »Ers die Fahne hoch, die Reihen fess geschlossen«, sacht sie, »danach: Fahne in 'n Wind, die Sieger in Mors gekrochen!«
Bei den Kahssens sein Tehorie un Prackzis bezüchlich Traditschon un Latscherei, da steck was anners achter.
Ich denk, asso, sein traditschonellen Inschtink ischa eher tierisch. As ihm selps sacht. Un Tiere, finne ich, Tiere sind praktisch. Un ich denk, für seine Tippelei mit uns – schtatt auf uns rumzureiten – hat ihm bestimp ein praktischen Grund.

Abers wechchen? Die kommenden Benzinpreise sünd es nich. Un wenn den Liter Super vier Mahk kossen tut. So lange die Steuergelder fließen, drehn die da ohm über den Preis höchsens uns, abers nich sich selps den Benzinhahn zu. Dascha auch Traditschon. Is Leissunksgesellschaff. In dem sie es sich leissen könn, in Steuerpott zu langen. Abers denn, Kollege, wurde ich bei lütten fündich. Bezüchlich Latscherei un inschtinktife Traditschonen. Asso, düsses beruht auf zwei traditschonelle Inschtinkte.

Erssens: Frühere Zeiten ham wir zu Tippelbrüder »Monarchen« gesacht. Un weil Kahssens auch as Konserwatifer in 'ne Repeblik nich Monarch sein dahf, da will ihn wenichsens Tippelbruder werden.

Zweitens: Die entscheidenne Frage ischa, wa'um hat den Kahssens inschtinktif überlep, un is nich – traditschonell – getreu seinen Eid, damalige Zeit in Kriech, as wir wie ein Mann ausgezogen wurden, auffas Feld der Ehre gebliehm? Wa? Weil bloß die Bessen gefallen sünd. Traditschonell. Bloß wir trauriges Gemüse – ich, du un Kahssens un so – wir sünd inschtinktif übergebliehm.

Un wa'um? Wir sünd mit fliehenne Fahnen vor den Feind hermaschiät. Nachas Motto: Wen sich bein Vormahsch Zeit läß, brauch sich bein Rückzuch nich so beeilen! Abers, wen den traditschonellen Todesmut fürchten tat, den mußte fix zu Fuß sein. Damit der ihm nich einholte.

Macker, da aus ergibb sich klah auffie Hand: Bei den Kahssens seine Latscherei hannelt es sich um ein traditschonell, inschtinktifes Überlehmstränink! Denke dran, schaff Fitnessvorrat an. Nu komms du!

»Natalje«, sach ich, »wenn einen nichachchend die bleihaltige Luff, per Beine durch die Gegend tigert, denn zittät ihn vor den Ernsfall, in wechen die Luff so bleihaltich wird, dassas Blei sich in feindliche Kugeln verdichchen tut. Gefährlich leben allein genücht hoite nich. Man muß auf Zack sein, die Lehmsgefah zu entgehn, wenn sie mohgen komp.

Das is den traditschonellen doitschen Inschtink vor 'n drütten Kriech. Nachdem wir beide vorher auch nich gewonn ham.«
Alle folgende schtrategisch-taktische Überlegungen, Kollege, sünd für ein ollen Landser, den Wehrmachsberiche zu hören vestand, ein reines Kinnerspiel, 'n Klax mittie Wixböss.
Asso, ersma traditschonell die Frage: Wie issie Lage, rein schtrategisch gesehn? Wir sünd as Schleswich-Holstein as sochches Nato-Nord. Was heiß das? Das heiß: Schleswich-Holstein wird bei Narvik veteidich. Was bedoitet das in Ernsfall? Das bedoitet, die öberen Stäbe müssen in Ernsfall ganz schnell wech. Auch den Etomkriech müssen 'n paa überlehm, die achterran Büchers schreim, wie wir ihn hätten gewinnen können.
Für düsse Loite ham sie bei uns die lütten Fluchhäfen annie Nohdsee gebaut. Große Fluchhäfen brauchen wir nich, indem uns Vebünnete den schäbigen Ress froindschafflich mit Etombombens zudecken. Das hat ein doppelten schtrategischen Vorteil. Einma brauchen die Nohwegers keine noie doitsche Inwahson fürchen. Die ham je die lezze noch nich vegessen. Un zus annere billen denn unse Leichen ein schenen ehernen Schuzzwall, an den sein Granit den Feind sich die Zähne ausbeißen tut.
Was is, asso, die taktische Aufgabe? Die taktische Aufgabe is: Wannere mit Kahl Kahssens! Damit auch du schnell genuch bei die Fluchhäfen annie Nohdsee büss. Sons büss du schon vor den späteren Endsiech ans Ende. Und denn kanns auch du voll Stolz sagen, du büss debei gewesen. Oder falls ein Gerich vonnie Sieger droht, sachs du, du has von alles nix von gewuß. Auf scheden Fall wern die Tippelbrüder die Erwählten sein, die erssen Monarchen, die das Lezze belehm!
»Natalje«, sach ich, »es is nu unse Aufgabe, aus düsse traditschonelle Lage, die inschtinktifen Konsekwenzen zu ziehen. Wir lassen die Leithammels springen, wohin sie wolln. Wir latschen von Kieäl nach Büsum. Die inschtinktife doitsche Traditschon folgend, wen zuers türmt, lebt an

längssen. Un wen zulezz lebt, lacht an längssen. Wen wannert, sünnicht nich. Un schließlich: wir könn den Kahssens doch nich as unsen einzigen Ziwilissen in Nohwegen ankomm lassen. Was solln die vonnie Doitschen denken?«

An Sonntach sünd ich un mein Natalje los. Richchunk Büsum. Abers, Macker, nach zwei Stunnen wa ich vonnie Parole »Wannern mit Kahl Kahssens« schon wieder von ab. Ich hab in Sack gehaun.

Das hatte mehrere Grünne: Erssens wahn ich un mein Natalje missennass von Schweiß un völlich aussie Puste. Ich vesteh nich, wa'um die Loite ihr Geld für 'ne Sauna ausgehm. Sauna bischa selps.

Zweitens wa mich die Ideh gekomm, wieso du einklich für Überlehm in Kriech tränian soss, wennu in Frieden schon an Schmog, Säure ins Meer, Schemie innie Nahrunk, Blei inne Luff, an Schtress un in Straßenverkehr bekwehm un schederzeit innie Grabbel gehn kanns.

Und das ohne unbezahlte Überstunnen. Wa'um hin nach Büsum schweifen, sieh, den Doot, ihm liecht so nah!

Drittens, wenn schon Monarchen as Tippelbrüder, denn lieber den Paps as den Kahssens. Denn den Paps komp zu dir. Da wir die Kichche nich ins Dohf gelassen ham, komp nu die Kichche ins Dohf. Indem den Paps über die Döhfer geht. Un wenn er auch nich dich düsses Lehm garantiät, so süht ihm 'ne Schangs für 'n Leben nachen Doot in große Gleichmacherei.

Viertens, sach ich, soll den Kahssens ruhich allein mittie Komisschtäbe in Nohwegen ankomm. Von mir aus könn die Nohweger von uns denken, was sie wolln. Was geht mir das an?

Fünftens, Kollege, ischa sonne Wannerunk nich gans ungefährlich, wenn du den Kahssens bemöten tus. Is ihn auf Tuhr, wird vorher alles Rotwild abgetriem. Damit ihn nich in seine olle Angewohnheit zurückfallen tut, auf alles doitsche Rotwild zu schießen. Ungeachtet alle Schonzeit un Waidmännertum un so. Das is mich un mein Natalje zu riskant. Schließlich sünd wir keine Schinesen, un ihm schieß uns ab. Macker, düsse fünf Punkte hab ich emfangen un gelähnt, glaub ich. Un lähnen, emfangen, glauben – das ischa genau den Kahssens seine Traditschon.

Nu komms du!

Vonnie Monopole

Asso, Macker, mein Natalje bölk mitten ins Pantoffelkino los: »Kuddl, hol mich furts die Bratfanne! Ich muß Stolti un den Dingsbums, den Blendax-Max aus Niedersachsen, innie Fanne haun!« Nu komms du! Ich denk, nachdem ihr die Straußeneier as faul erkannt hat, geht ihr nu auffie Lütten los. Abers das wa nich an dem.
Es wa bezüchlich den noien NDR-Schtaatsvetrach as sochchen. »Ab 83«, sacht Natalje, »wird Akzel Springer auch den Zesah vom prifaten Funk un Fähnsehn. Soss sehn un belehm! Bei düssen Kompromiß hat ihn voll erreich, was ihm wollte. Ab 83 hat ihn die Freiheit, unse Meinung tetal zu bilden. Fracht sich bloß, wa'um die Minisserpräsidenten sich mit den Vetrach abmarach ham. Abers die wollten Springer seine direcken Angestellten woll düsse Ahbeit nich auch noch aufhalsen. Wascha wenichsens ein sozealer Zuch is.«
Kollege, nachas Grundgesezz ham wir alle die Freiheit, Meinung zu billen. Is da garantiät in, die Freiheit. Bloß das Geld für die Freiheit, die Meinunk von annere zu billen, is dir nich garantiät. Geld muß di selps besohgen. Un das Geld besohgen, nich, das is so ähnlich, as wie bei die Kälber, die sich ihrn Koppschlachter nich bloß wähln, sonnern ihm auch noch bezahln.
Natalje sacht, Springer beherrsch ab 83 nich bloß die Kioske, sonnern auch noch die prifate Glozze. »Kuddl«, sacht sie, »in Pantoffelkino wird denn prifat von rechts venagelt, was die Hambohger NDR-Lümmels von links unterwannert ham. Das hälts scha in Kopp nich aus. Aber so was muscha da rauskomm bei, wenn Stolti un den Dingsbums 'ne linksraddekale Parole folgen, as: Brecht die Macht der Monopole! Die brechen ein Fähnsehmonopol so, dassa *zwei* aus werden. Aus eine linksraddekale Parole machen die zwei Springermo-

nopole. Un denn«, sacht sie, so richchich inne Faht, »denn wird den Walden pollitischen Scheffkommentator vons Springer-Fähnsehn. Wie Bild in den Walden hineinruf, so schallt es aus ihn heraus! Nach den sünd die doitschen Friedensnobelpreisträger die Anstiffer für Kriech un Terrorismus. Betreten des Rasens is bei uns streng veboten, abers innie Gemüsebeete von gesunnen Menschenvestand, da dahfs bei uns in rumtrampeln, as den Walden in Porzellanladen! Da tut den Schtaat nix gegen!«

Kollege, da sühs ma wieder das Unausgewogene bei mein Natalje. Was den Sebassian Haffner klah sieht, will ihr petuh nich einleuchn. Den Haffner sacht scha, asso, dassie Doitschen keine Demekraten sünd, ischa bei sie ihre Geschichche kein Wunner. Eher isses 'n Wunner, dassie nich das glatte Gegenteil sünd. Un so gesehn, Kollege, kann unsenein doch dankbah sein, dasses nich direk den Göbbels is. Oder?

Un bezüchlich dem Schtaat. Da isses scha nich so, dasser gegen die geissige Umweltbelassunk auch nix tut. *Noch gibb es 'n Bunnesvefassunksgerich in Doitschland!* Wennes auch die Anfänge nich wehrt, so gönnt es doch dieselm nich die volle Blüte. »Kuk, Natalje«, sach ich, »grade bei den Walden. Bezüchlich sein Krach un Knatsch mit den Böll. Da hat das Vefassunksgerich ganz klah gesacht: Wenn den Walden falsch Zeuchnis wider sein Nächsen reden tut, denn dahf ihn debei sein Nächsen – asso den Böll – nich auch noch falsch zitiän. Damit is die doppelt genähte Lüge veboten! Un dascha schon ma was. Vor die einfache Lüge brauchen wir je keine Manschetten ham. Dascha uns tächlich Brot, asso, Solledaretät, Nächsenliebe un all düsse sittlichen Sachen un Wähbeschlogans! Kuk, un wenn denn die doppelte Lüge gerichlich veboten is, bleip bloß noch die dreifache Lüge. Denn ham wir Doitsche auf düsse Welt nich mehr den Walden, sonnern bloß noch die Statissik un die Steuererklärunk zu fürchen!«

Natalje sacht: »Die *Doitschen*! Abers da geht mich das nich um«, sacht sie, »mich geht das um düsse Monopolbrecherei,

die aus ein zwei machen tut. Da will ich gegen an. Da'um wer ich ein Aufklärungsfeldzuch stahten. Mit das Ziel: Brech das Bunneswehrmonopol des Schtaates!« Nu komms du.
Ich hab gefracht, ob sie will, daß den Springer auch noch 'ne prifate Bunneswehr aufmachen soll, die ihn aus Wähbeeinnahm finanziät? Wen soll da woll Annonksen für aufgehm? Un wofür? Vielleich für Schweißfüße un für Stumfsinn? Da ham wir doch Diskotheken, die Fänkurfe bei Spiele von Ha-Ess-Vau unnie pollitischen Nachrichten vons bayrische Fähnsehn für.
Asso, Natalje will die Bunneswehr von die finanziän, die ihr wollen. Unnie annern spahn düsse Steuer. »So as wie bei Kichchensteuer oder Gewähkschaffsbeitrach«, sacht sie, »da hat je auch scheden das Rech, so innie Grabbel zu gehn, as ihm das will. So auch die Bunneswehrfinanzierunk.«
Bei alle garantiäte Freiheit vonnie Meinunk, will ich mich woll fix scheuern un sagen, daß ihr ein annie Ähbse hat. Du, mein Natalje is instanne un geht mit mir duch alle Gerichsinschtanzen. Un wo soll ich da den Zaster für hernehm? Bün ich Rothschild un sein Geld?
»Natalje«, sach ich, »überlech doch ma! Wen is für das Schtaatsmonopol annie Bunneswehr? Alle, die da an vedien. Abers vedien könn sie an sie nix, wenn sie ihr *selps* bezahln. Natalje, an düsses Monopol wird nich gerühät! Bunneswehr wird weiter von alle finanziät.«
»Sühs woll, Schütt«, sacht Natalje, »Kuddl, bei dich hat meine Aufklärunk schon funkscheniät. Wir brechen nur denn 'n *schtaatliches* Monopol, wenn den Profit von das *prifate* schneller steigen soll!«
Nu komms du!

Vonnas noitronische Doitschland

Öih, Macker, uns tächlichen Schreck innie Ahmtschtunne, den gibb uns ümmer »Tagesthemen« vonnie Ah-Err-Deh. Asso, dassie Macker vons Pantoffelkino ümmer so dußlich mang die Meldungen rumkwasseln, das isses scha nich. Dascha bloß demekratisch, wenn scheden so dösich sabbeln dahf, as ihn nu ma is. Das muß dich vor Augen halten, wennu anfängs, dich über den Schteffan vons bairische Fähnsehn zu ähgern. Du, den is gahnich so dösich. Den muß so sabbeln. Den ham sie in München so lange ausgewogen, bis er für leich genuch befunnen wurde. Mit deine Meinunksfreiheit has an wenichsen Ähger, wennu dir nach Springer seine Meinunk ohdnest. Das, Kollege, issie Schpannunk von Freiheit und Ohdnunk bezüchlich deine Meinunk. Du has die Freiheit, ihr zu ham, abers Springer un Strauß müssen ihr in Ohdnunk finnen.

Nee, Macker, von wegen bezüchlich den Schreck innie Ahmtschtunne, asso, das ischa mehr wegen die Inhalte vonnie Mellungens as sochche. Wenn ich das hör, du, denn krich ich mennigesma 'n Bebern innie Büx, dassas noie Doitschland as Modell das olle Doitschland ham könnte. Is so ähnlich, as wie Ne-o-fa-schiß-mus. Da frach ich mir auch ümmer: Was is da noi an?

Wieso? Mann inne Tünn, has noilich nich gehöät? Du, da hat 'n Pollitiker in Bremen gesacht, daß ein Gedich vebrannt gehöät. Nu komms du!

Mein Natalje sachte furts: »Das ham wir doch auch schon ma gehap«, sacht sie, »ers die Büchers vebrenn, denn die Menschen. Zu die freiste Vefassunk, die besse Ahmee, die modähnsse Technik, die schtabilse Währunk unnie solidesse Sockelahbeitslosichkeit der Welt, da hört bei uns woll auch die grösse Hecksenjacht aller Zeiten zu. Vonnie Maas büss

annie Memel, vonnie Etsch büs annen Belt. Mit den noien Heino un alle Schtrofen zu die alten Grenzen«, sacht Natalje.
Tschä, asso, das ging ummas Gedich von einen gewissen Fried. Den Fried hat mit düsses Gedich den Bremer Unfriede die Wurzel gelecht. So, gewissermaßen, zu das noie olle Vebrennunksmusser den Anschtoß zu gegehm. Düssen Fried frachte in besachtes Gedich: Wenn einen Kaufhausbrandstifter zich Schahre Knass kriegen tut, wieviel Schuden muß denn einen – damalige Zeit – vebrannt ham, damit sie ihm hoite wenichsens vor Gerich stelln?
Fragen koss nix? Das sachs du, Macker. Asso, wenn es nach den Bremer Pollitiker, Noimann heiß ihm, gehen täte, denn koss düsse Frage schon ma das Gedich die Eckzistenz. Vebrenn, hatter gesach. Tschewöll, Kollege, du sachs es: Dascha nix Noies. Habbich auch gesach. Noi ischa höchsens, dassie hoite wieder laut sagen, was sie die erssen Schahre nachen zweiten Kriech bloß leise gedach ham.
Aber, Macker, da nu ma von abgeschnitten, daß den Fried seine Frage an sich je schon 'n Gedich is, asso, da habbich mein Natalje furts gesach, ihr soll sich da nich über aufregen. »Aussas Vebrenn vonnas Gedich«, sach ich, »da wird nix aus.«
Wegen uns Vefassunk, meins du? Nöö, wegen uns Vefassunk as sochche je weniger. Die Vefassunk – asso, as sölbige un sochche – die ischa bei uns nich so wichtich. Viel wichtiger is ihren Schuzz. Kuk, wir ham die Todesstrafe in sölbige abgeschaff. Dafüä kanns lütte Loite innie Bild un innie Illustriäten moralisch hinrichchen. Un sonnen Mohd kosset – nach alle Instanzen – wolln ma sagen, fuffzichdausend Eier. Höchsens. Da komm die billich von ab.
»Natalje«, sach ich, »aussas Vebrenn, da wird nix aus. Den Noimann is ein Bremer. Unnie Bremer, die lassen sich die Ahbeit aussie Hand nehm. Is 'n vielhunnertschährige Volksweisheit.« Abers Natalje sacht, denn kommen annere bei un machen das Vebrenn.

Ich sach: »Natalje«, sach ich, »un wenna annere bei komm sollten, wollten, asso so nich! Is hoitigen Tachs, rein technisch gesehn, unmöchlich. So nich!«
»Chott seis getrommelt und gefiffen«, sacht Natalje, »dascha man gut. Denn kann es nie wieder passiän: Ers brenn die Büchers, denn die Menschen! Mich fällt 'n Schimborasso vonnie Seele!«
Ich sach: »So nu wieder auch nich«, sach ich, »asso, hoite, nich, hoite müssen wir wegen den Bombenerfolch vonnie Neutronik – asso, von wegen düssen wissenschafflichen Fohtschritt – gleich den Dichcher vebrenn. Nu komms du!«
Mensch, Macker, rech dir nich so auf. Höä doch ersma zu. Mein Natalje wa auch so außer sich, daß ich ihr mits Lasso wieder einfangen mußte. Ihr müß das sachlich sehn. Asso, in uns gesampen technisch-wissenschafflichen Fohtschritt as sochchen – gewissermaßen innie Perschpektife von den großen Gesampzusammenhang. Nich?
Kuk, Macker, das noie Doitschland issas noitronische Doitschland. Denk bloß ma annie Mikroprofessoren! Da fäng das mit an. Un mittie Noitronenbombe, da hört es denn mit auf. Is allens Noitronik. Die Mikroprofessoren, nich, die sünd da entwickelt aus. Die nehm uns die Ahbeit wech. Das sünd sonne ganz lütten Klapparatismusse. Du, un düsse Schietdingers könn denken! Asso, nich so ganz, abers doch. So as ein jurissischen Sachverstännigen. Nich selpstännich, abers denn richtich. Un so machen die unse Ahbeit. Un könn sich nich gewerkschafflich organisiän.
Tschä, unnie Noitronenbombe as sochche billet das dicke Enne. Düsse Bombe nimp bloß die Menschen das Lehm. Abers ihr läß die Häusers, Febriken, Meschins und so völlich heil. Sühs woll, so wern die einklichen Werte as sochche – wo es in Kriech je um gehn tut, nich – vollstännich erhalten.
Den Menschen steht in Mittelpunk, Kollege! Abers mittels die Noitronik, da operiän wir ihm – in alle Freiheit un Rechsschtaatlichkeit netürlich – den Menschen gans duse-

mang aus düssen Mittelpunk raus un ersezzen ihm durch wahre Werte. Nu komms du!

»Was hat düsses mit das Vebrenn vonnen Dichcher zu kriegen?« sacht Natalje. »Asso dascha woll gans anners.«

»Mitnichchen«, sach ich, »das hatta viel mit zu kriegen. Denn: Wie dort, so auch hier! Natalje«, sach ich, »denk doch ma mit. Wo steht ein Gedich auf? Auf Papiä? Einen Rohstoff! Was is Rohstoff? Wo du spahsam mit umgehn soss. Rohstoff is knapp un wird jümmers teurer. Gewinnt stännich an Wert. Was asso, Natalje, ergibb sich da aus, innas noitronische Doitschland, bezüchlich Gedich un Vebrenn? Dascha woll ein gans klahn Fall: Du muß sofoht den Dichcher vebrenn, damit uns den Wert vonnas Papiä erhalten bleim tut.«

Na, Macker, wie isses? Kriss du auch nu das Büxenbebern, dassas noie Doitschland mennigesma as wie das olle Doitschland sein könnte? Tschä, asso, den Bremer Pollitiker, den Noimann, den wa scha bezüchlich seine Vebrennerei einen Altmann. Dausend Schahre alt. Abers das noitronische Doitschland, Macker, mit seine wahren Werte, dascha gans was anneres! Frühere Zeit, du, da ham sie aus rohe Gewalt un aus reine Dösichkeit vebrannt. Hoite vebrenn sie aus wissenschaffliche Einsich innie wahren un steigenden Werte! So, Macker, nu schmeiß noch ma was innie Musikbox. Un laß den Heino singen. Alle Schtrofen, alle ...

Vonnas chroote Geld

Wenn sie bei uns beikomm un wünschen dich ma was Gutes, denn sagen sie: »Gesundheit, Glück, langes Lehm unnen Sack voll Geld.« Dascha von eh un scheh so. Unnu – denk dir da ma rein, du – hatte Krischan Buer 'n Sack voll Geld. Wicklich un warraftich. Ihm hattas chans chroote Geld. Wa'um, frachs noch? Indem auch Krischan innie viäte Fruchfolge eingetreten is. Ihn un seine Nahbers ham 'n paa olle Peerkoppeln as Bauland vekauf.

Krischan sacht, dasses Land as sochches nix wert wa. So bei Windstähke vieä die Gören rausjagen, Ackäkrume fesshalten, damit ihr nich auf Reisen geht. »Abers«, sacht Krischan, »da solln Bungaloffs, Schwimminkpuhl un ein Sanatohrjum auf. Un weil da noch besse Luff bei is, ham sie das Land mittie Afftekerwaage abgewogen un auch Preise as innie Affteke für bezahlt.« – »Igittigitt«, sacht Natalje, »Krischan, du büscha ein Schpekulanten.« – »Wieso ich?« sacht Krischan. »Soll ich besser sein as meine lauwahmen Brüder? Un denn, wenn sie hoitigentachs nix mehr von Blut un Boden halten, denn«, sacht Krischan, »müssen sie wenichssens für die Preise von Boden bluten!« Nu komms du.

Krischan sacht: »Issen banniges Schtück Ahbeit«, sacht er, »un komm as Milljenähr mittas chroote Geld zurech. Is 'n böse Ahbeit.« Ich hab gesach, dasser denn mir da ma ranlassen soll, diesbezüchlich will ich ihm gerne ahbeitslos machen. Un mein Natalje sacht, dasser nu ma Geld in sein Betriep schtecken kann. Abers da wollte Krischan nix von abwissen. Ihn will sein Sohn die Ahbeit nich ausse Hand nehm. Un ihn will den grünen Plan nix schenken.

Ich sach: »Krischan«, sach ich, »ich weiß, du! Du führs nu ma das süße Lehm, asses innie Illustriäten in steht.« Macker, da ham mein Natalje un Krischan sein Greta mir angekuk, daß mich die koolen Gräsen längs den Puckel laufen taten. Un Krischan sachte furts, dasser das nich will. Sein Nahber Fiete Tams hattes damit versuch. Ihm wa mit die schunge Kööksch un ein Koffer voll Geld nach Spahnjen durchgebrannt. »Un nu«, sacht Krischan, »is Fiete wieder beis Haus. Kööksch un Koffer sünd in Spahnjen gebliem. Un scheden Tach sing ihn seine Olle voä, was ihn für 'n Döösbaddel wa.«

Ich sach: »Wie isses denn mit richtich Freeten un Supen«, sach ich, »haus dich scheden Tach orntlich die Naht voll. So mit Seck und Kawiah un sonne Sachens.« Da hatte Krischan auch schon an gedach. Abers sein Ahz wa da petuh gegen. Krischan muß mit so was bannich vorsichtich sein, wenner noch was lehm un vonnen Zaster was ham will. »Wenn ein so viel gesoffen hat«, sachte den Ahz, »daß ihn da in baden un spatteln kann, denn soll ihn da aufhörn mit.«

Tschä, un innie Spielbank rumjuxen, das is auch Sense. Da hat sein Nahber Hannes Lausen den gansen Kies bei zugesezz. »Un ich«, sacht Krischan, »will ja nich mit mein Geld für meine sauren Wiesen das süße Lehm von sonn Kahtenhai finanziän.«

Da schteck kein Sinn in, sach er. Auch nich in nackische Mädchen in Wald fotografiän. »Dascha as wie Musik ohne Töne!« sacht Krischan.

Du, Macker, da kanns an sehn und belehm, dasses chroote Geld nich bloß mit Glück vebunnen is. Da schteck noch ganz was anneres achter. Wir beide ham rumgeknobelt. Noch un noch. Abers, bei alles wa was nix Feines mit bei.

Abers – asses so ma is, nich – mitten ma grient uns Krischan assen Primelpott. »Ich habbes«, sacht er, »ich habbes zu faß. Kinnersloite, ich wer ma was Richtiches füä meine Gesinnunk tun!«

Nu komms du!

Nee, ihn wollte sein Geld nich die NPD spennen! Krischan sacht, was die machen, das mach ja auch den Dregger. Un für umsons. Nee, du! Paß ma Obach – Krischan will alle

Blasmusikers ausse Gegend zusammtrommeln. Die solln von mohgens büs ahmts Mähsche spieln! Preußens Glohrja, 'n Badenweiler. Alles! Büs zu: Es zittän die mohschen Knochen!
»Un nu«, sacht Krischan, »die Klümp inne Boddermelk, den Kluh vonnas Ganze. Ich engaschiä Filbinger un Heino. Das Doitschlandlied, alle Schtrofen! Von der Mahahas büs ahan die Möhömel . . .!«
»Halt stopp!« bölk Natalje damang. »Halt dein Rand, du Törfkopp. Mit das Bis-annie-Mömel sünd wir schon bis annie Elbe trüch. Wiss düsma bei Helgoland ankomm? Greta, geh da mang! Schtuk den veerücken Kääl ma orntlich trech!«
»Och, wa'um?« sacht Greta. »Besser mit Heino un Filbinger vonnie Maas büs annie Memel, as mittir Kööksch un Koffer voll Geld nach Spahnjen!« Nu komms du!
Greta sacht, ihr will da schon füä aufpassen, dasses bei die großen Töne bleiben tut, un dassa nix nachkomp. Mein Natalje wollte ihr dafüä zu'n Scheff vonnie UNO machen. »Da sizzen auch bloß die Verkehrten rum«, sacht sie, »da hört Greta für 'n Weltfriede hin!«
Sach ma selps, Macker, da sagen sie alle: Geld beruhicht! Du, ich weiß nich rech. Es ischa nich ümmer Greta dabei. Die hält den Daum da auf, dasses bei das Getöne bleip. Oder was? Nu komms du!

Vonnie kollektife Himmelfaht

Öih, Macker, has gelesen, was Helmut den Erssen sacht? Helmut sacht: Wir dürfen nich alles machen, was technisch gesehn machbar is. Asso, da halt ich nich viel von. Is Zukunfsmusik. Ich bün für Prackzis. Un was is Prackzis? Wir machen, was technisch noch nich machbah is! Da'um ham wir je auch die Sohgen mit die atomare Entsohgunk. Wir wissen nich, wo wir mit den Schiet abbleim sollen, den die tödlichen Gammelstrahlen oder so innie Lüffe schick. Un von die gehs doot. Das gibb 'ne kollektife Himmelfaht. Nachdem wir sons petuh gegen Kollektifismus sünd, hieä soll ihm nu losgehen!
Kollege, was is asso Prackzis? Wir brauchen da 'ne Sozealpolletik für! 'ne Sozealpolletik, die die ganse Perspektife vonnie Atome innie Pupille faß, allns ogganisiät – für alle Fälle –, mit flankiände, leissunksbezogene Gerechchichkeit un so. Un die brauchen wir ab sofoht! Einklich schon vorgessern.
Wir sünd doch nich USA! Da bezahlen sie die Strahlngeschädichten nach zehn Schahre 'ne Entschädigunk. Da denk dir ma rein! Denn ischa die Hälfte schon doot. Ischa den reinssen Frühkapptalismus!
Da'um müssen wir hoite schon technisch die Sozealpolletik machen, die die Folgen vonnas technisch nich Machbare, was wir abers machen, umfassend regeln tut. Issas klah?
Ich will scha nix in Gange machen, nich, aber nehm wir ma an, die atemare Entsohgunk wird technisch nicht entsorcht. Was is denn? Denn haben wir die kollektife Himmelfaht! Nu frach ich dich: Ham wir da vielleich technisch-sozealpollitisch für vorgesorcht? Mitnichen! Un das kann je woll nich angehn. Kollektife Himmelfaht geht los, un wir stehn da mit uns gewaschenen Hals! Nix is ogganisiät. Denk bloß ma annas Gedrängel, wenn wir alle, so kollektif un mit einmal . . .
Da ham wir ersma die Frage: Wie lange dauät sonne

Himmelfaht? Das weiß kein Aas! Soll abers 'ne Ewichkeit dauän. Un das ischa woll 'n ganses Enne Zeit. Oder? Wenichsens muß hieä doch den Gewerkschaffsvoästand fragen: Was wird aus die Menschen? Da bezahlen wir je woll Beitrach für. Schließlich sünd wir doch 'ne humane Gesellschaff.
Bei die Dauer von sonne Himmelfaht stellt sich gleich die nächse technische Frage: Triffs du unnerwechs vielleich 'ne Kneipe? Na also! Solln wir auf sonne ewige Tuhr noch Kohldamf schiem, nach ein kühles Bieä jiepern? Dascha woll nich zumutbah. Wir sünd doch kein Entwicklungsland!
Und denn – bezüchlich das Gedrängel –, was heiß hieä kollektif? Wir sünd doch nich in Ossen. Alle wolln den erssen Zuch ham, wennas Vegnügen losgeht. Un vielleich denn alle Holzklasse? Irgendwo muß düsse ewige Gleichmacherei ja woll ma aufhörn. Wozu sünd wir 'ne Leissunksgesellschaff? Wenn wir auch in Massen auf düssen Trip gehn, brauch dascha nich in Vermassung ausahten. Oder?
Schon längs müßten sie, Kollege, mit den Sozealvesicherungsbeitrach das Fahrgeld fürn Himmelseckspreß kassiän. Ganz leissunksbezogen schramms denn ab: Ersse Klasse, zweite Klasse oder Reisende mit Trachlassen. Gassahbeiter kriegen Gütäwagen. Asso, Natalje sacht: »Schlafwagen is schon besezz. Vonnie Schpizzen von Schtaat un Wirtschaff. Irgendwo muß das Verursacherprinzip je ma gültich sein.« Sacht sie. Nu komms du! As wenn sonne ernsse sozealpollitische Angelegenheit 'ne Gelegenheit für dösige Wizze is.
Tschä, un denn: Was is die sachgereche Kleidung für 'ne Himmelfaht? Daß wir alle in Nachhemp mit 'ne Kähze innie Hand absegeln, asso, dascha woll'n Glaube aussie Kinnerzeit? Oder? Schließlich ham wir je düsse Sache selps inne Hand genomm. Un da kanns scha nich wie 'n Penner aussas wilde Kurdistan voä die lezze Inschtanz treten. Muscha allns 'n büschen sein Schick ham!
Kuk, Kollege, was den Menschen mach, das muß ihn auch

orntlich ogganisiän. Un nu stell dich ma vor, was wir alles brauchen für die kollektife Himmelfaht. 'n gans noies Transpoht-Vesohgunkssüschtem mit 'ne tetal noie Ausrüssunk! Fohschunks-, Planungs- un Ogganisatschonsstäbe brauchen wir. Himmelfahtsbekleidungsinnuschtrie. Das sünd mehr Investitionens, mehr Ahbeitspläzze un Beampe! Mehr Kaufkraff, mehr gesunnen Büroschlaf, mehr Profite un mehr Schtaatseinnahmen. Das is die sich selps tragende Konschunktuä, Macker! Wo die da ohm seit Schahrenden nach suchen, die sozealpollitisch flankiäte Himmelfaht bring ihr. Mehr kann unsenein je gahnich velangen!
Bloß mein Natalje, Macker, die is dagegen. Die is dafüä, daß wir bloß das machen, was technisch machbah is. Ihr will auffas technisch nich Machbare vezichchen. Sons gehn wir alle mittie Himmelfaht zun Deubel. Sacht sie. Nu komms du. Aber sachma: Sünd wir vielleich verrück un machen uns sonn Geschäff keputt? Wen die sozealpollitisch flankiäte Himmelfaht nich ehrt, is die sich selps tragende Konschunktuä nich wert!

Vonnie Schangsengleichheit

Asso, Macker, eine vonnie döllsten Sachen in uns Vefassunk, da wird je den wenichsen Gebrauch von gemach. Das issie *Schangsengleichheit!* Du weiss gahnich, wassas is? Has noilich nich Fürss Bismahk in Pantoffelkino belep? Richtich, das is den aussen Sachsenwald, den mit das Rülpswassä! Sein Voäfahn wa den eisernen Kanzler, den das doitsche Volk damalige Zeit mittels den Sachsenwald auf 'ne hölzerne Grundlage gestellt hat un auf die Bismahkquelle. Tschä, un düssen hoitigen Bismahk, ihm meinte vonnie Mattscheibe runter, asso, bezüchlich die Schangsengleichheit, wennu nich die Schangs genuzz has, dich die richtigen Voäfahn auszusuchen, nich, denn hascha ümmer noch die Schangs, duch Spahren – so Fennich bei Fennich – auch zun Sachsenwald un 'ne Rülpswassäfabrik zu komm. *Düsse* Schangs is füä alle gleich. Un das is ehm Schangsengleichheit. Sacht Fürss Bismahk.

Mein Natalje sachte, das is so, as wenn Muhammad Ali dich 'ne Grade innie Kiem feuät, un du has die Schangs, sofoht mit den gleichen Schlach da auf zu antwohten. Nu komms du, Kollege!

Ich sach: »Natalje«, sach ich, »nu wer ma sachlich! Kuk, hieä innie Illuschtriäte, da steht in, dassie Wittfe vonnen Onassis, die scha die Wittfe vonnen Präsidenten Kennedi is, asso, daß die mittels einen Tip von ein Bankjeh rechzeitich ihr Geld in Gold angelech un so ihr Vemögen von dreihunnert auf sechshunnert Milljon Dollah erhöht hat. Siehste, düsse Schangs hatte ich scha auch. Oder?« – »Das is vollkomm richtich«, sacht Natalje, »unner die Verausezzunk, daß ich as Präsidenten vonnie Juhesäh ähmohdet worden bün, un du, mein liehm Kuddl, in zweite Ehe den Onassis geheiratet ham täts.«

Du, Macker, mein Natalje sacht, bei die Schangsengleichheit, da sünd große Knochen mang. »Ersma«, sacht sie, »muß du ihr kriegen, die Schangs. Denk bloß ma an 'n Bunnestach. Da muß du as Apgeohdneten ersma die Schangs kriegen – vonnie Tagesohdnunk, von dein Voästand un von den Präsidenten, nich –, un kriegen das Woht. Un has ihr, Kuddl, denn muß du die Schangs auch nuzzen könn!« – »Wieso?« sach ich. Natalje sach: »Vesuch du doch ma«, sacht sie, »wennu schon in Bunnestach das Woht kriss, unner sonne Vorausezzungen auch noch was Venünftiges zu sagen.«
Aber, Macker, da geht mir dascha gahnich um. Ummas Woht in Bunnestach. Das kanns scha sowieso nich auffie Goldwage legen. Ich will meine Schangs nuzzen un annas echche Gold ran. Ich will, wie die olle Onassis, die Schangs ham un mein Vemögen vedoppeln. Abers Natalje sacht, ich soll mir man ersma 'ne Million Dollah besohgen. »Woher nehmen un nich stehlen?« sach ich. Natalje sacht: »Wennu schon vorher übä sonne feinen Unnerschiede stolpern tus«, sacht sie, »denn wird das sowieso nix!«
Ich hab denn da simeliät über, obbich mir nich freiwillich as Zwangsrentner melle. Asso wennie Mikroprofessoren vohne in Betriep reinmahschiän, un wir achtern raus – kuk ma, denn könnte ich as Frührentner die Schangs nuzzen un mir as Nachwächcher einstelln lassen. Denn geht deine Ahbeit bis innie frühesse Mohgenstunne! »Tschä un denn?« sacht Natalje. Ich sach: »Es ischa 'ne Tatsache«, sach ich, »daß Mohgenstunne Gold im Munne hat. Vielleich kann ich die Schangs nuzzen, nich, un grabbel da Gold raus.«
Da sacht Natalje: »Das kanns je hoite schon auffie Frühschich vesuchen«, sacht sie, »abers bis nu has innen Mund vonnie Mohgenstunne bloß dein Tariflohn un 'n paa Mahgengeschwüre gefunnen!« Nu komms du.
Du, denn fracht sie mir, was ich – damalige Zeit –, as ich beim Kommis kam, in mein Tornisser gefunnen hab. Ich sach, dassa die Heringe füä das Zelt in waren. Da sacht Natalje:

»Siehste«, sacht sie, »damalige Zeit war die Schangsengleichheit da in zu sehn, dassie sachten: Scheden Soldat trächt den Marschallstab im Tornisser. Bloß du, Kuddl, du has ihm da nich in gefunnen.« Asso, genau genomm, lach ihr je da richtich mit. Gleiche Schangse has – damalige Zeit – höchssens auffen Doot. Beis Massengrab sünd die Schangsen schon wieder veschieden.
Kollege, ma ehrlich, sach ma: Wolln die uns mittie Schangsengleichheit vielleich vescheißern? Oder muß unsenein den Trick mittas sich die richtigen Eltern aussuchen kennen? Wie da den Bismahk woll achter gekomm is? Denn, wenn schon den sein Grips dazu langen tat, so lang meinen dafüä dicke! Abers, ohne düssen Trick, du, mach den weiter das Geschäff mit das Wassä. Un die Schangs von unsenein bleip Rülpsen!

Freiheit is as wie Etombombe

Sehr geehrten Herrn Redaktör,
asso, wie komm Sie da auf un schicken mir ein Buch? Un was ich davon halten tu? Un so? Ich kuk – Henning Venske. Das versendet sich, oder, gesammelte Fettnäpfe. Ein deutsches Medienschicksal.
Du sach ma, Herr Redaktör, büs Du noch zu retten? Was für 'n Zeitgeiss hat Dir innie Birne gepiekt? Den Venske, mit düssen mallen Titel, den wa die völlich danehm liegende Ansich, dassas Pantoffelkino un so für die Bedürfnisse vonnie Öffentlichkeit da is. Un nich füä die Bedürfnisse vonnie Pehtein. Wo den Albrecht nich blots tächlich as Blendax-Reklame auftreten tut, sonnern uns mit krißliche Hausmusik auf Blockflöte die schtaatsböhgerlichen Flötentöne beibrink. Du, Macker, Sie wolln mir woll ummie Rente bringen, wa? Den Venske hat doch damalige Zeit nich blots das Kind, sonnern auch noch den späteren Herrn Bunnespräsidenten beim Nahm genannt. Oder? Den böberssen Oberbeamten vonnie Mattscheibe hat denn doch gesach – asso, bezüchlich die unsohtiäten Bedürfnisse –, daß den Venske Radio un Fähnsehn aus 'n öffentlich-rechliche Anschtalt in 'ne öffentliche Bedürfnisanschtalt vewannelt hat. Wo der meint, dasser scheden anpinkeln dahf. Das dahf ihn aber nich. Das dahf höchsens den Springer un seine papiänen Tagelöhner bei unsenein. Sons müssen wir uns scha für unse doitsche Ohdnunk schämen. Wenn da, asso, scheder scheden . . . Nee, nee, Ohdnunk muß sein!
Un was ich as sochcher davon halten tu? Büs Du vielleich gegen 'n Briefkassen gefalln? Abers denn habbich gesehn, dassu vonnie Litteratuä büs. Nich vonnie Polletik. Du bissa blots zustännich für, daß den Geiss un sein Wehen so frei bleiben tut, assie Winde aussen Dahm. Und das ischa voll-

komm richtich. Asso, auch immer noch, gewissermaßen trozz alledem, wenn die da ohm den Venske bezüchlich das geissige Wehen as sochches den Ventilator abgestellt ham. Das habbich das Buch entnomm. Steht da scha gedruck in. Asso, wenn sie auch lügen as gedruck, nich, irgendwas stimp je doch. Meissens ischa wah, was nich wah sein dahf.
Abers, Macker Redaktör, den Venske hatte je nich ma den Schimmer vonnie blasse Ahnunk, wie die Vefassunk von unse Vefassunk is. Isser doch beis Radio unnie Glozze vohne annie Schpizze mit bei, un weiß nich ma, daß ihn meinen kann, wasser will. Abers die annern könn meinen, ob sie das sennen oder nich. 'ne Zensuä gib das auch nich. Die da ohm bestimm blots, was meine Spekuliereisen sehn un meine Blumenkohlohrn hörn.
Was ich von das Gedruckte halten tu? Dascha das Temata! Ich bün ein voll emanzipiäten Mann. Fracht ein: Kuddl, was hälts du davon? dann halt ich das ersma mein Natalje vor. Soll ich mir vielleich alleine die Schnauze vebrenn? Wozu bün ich mittas heilige Band vonnie Ehe umschlungen!
Mein Natalje hattas Buch auffen Schturz un furts durchgelesen. So kam ich ma zu orntliche Bratkatoffelns. Indem ich ihr selps machen durfte.
Natalje sacht: »Den Venske«, sacht sie, »is mit seine Entwicklunk vonnas Lachen – so sutje un bei lütten – so pollitisch geworn, dasser nix mehr zu lachen hatte. Da ham sie ihn das Geld abgedreht. Denn: Wen nix zu lachen hat, soll auch nich essen!« Nu komms du.
Du, Macker, mein Natalje wollte das Küchenschapp umschmeißen, as Barrikade. Un für die Freiheit auffie Barrikade gehn. Ich hab ihr gefracht, wieso sie das will. Is ihr doch gahnich zustännich für! Wo doch die Beampen geschwoän ham, für ihr aktiv zu sein. Abers die Beampen rechen woll grade das Kinnergeld nach. Freiheit komp später.
Nee, Kollege Redaktör, so geht das nich. Barrikaden, Freiheit! Asso, ich bitte Ihnen! Wann sünd Doitsche schon

ma auffie Barrikaden gegangen? Un dennoch füä die Freiheit? In was für 'ne Vefassunk soll uns Vefassunk da woll bei komm? Un da steht doch die Freiheit in!
Ich sach: »Wir müssen das differenziät sehn«, sach ich, »so as Willy den Erssen die Ahbeitslosichkeit. Ihm kuk sie so lange differenziät an, bis ihr nich mehr zu sehn is.«
Das is pollitischen Realismus. Oder realissische Polletik. Da brauchs die Realitäten nich pollitisch auffas Fell rücken. Du brauchs sie blots gefaß innie Pupille kuken. Das is erssens schtaatsmännisch un zweitens leichter!
So auch hieä. Bei den Venske. Ihm hat ehm nich bloß gekuk. Ihn hat auch noch gesacht, wasser sieht. Un so was geht nich. Wo solln wir da hinkomm?
Tschä, un denn, was will den Venske bei Mattscheibe un Radio, wenn er nich ma den Unnerschied mang ein Wurm un ein echchen doitschen Ahbeitnehmer kenn tut? Kenns ihm? Genau! Den Wurm krümmp sich ers, *nachdem* ihn gepaut worn is. Den annern muß sich schon vorher krümm könn.
Un denn komp den Venske bei die Gewerkschaff! Asso, die kann doch nix für ihm tun. Die kann blots für ihn kämfen. So wie bei die schüzzerische Beobachunk vonnie Betriebsräte ihre Vefassunk. Duch den dafür vorgesehnen Schuzz. Den holtenen Eugen – asso, den Nachfolger von uns eisernen Otto –, den kämf dagegen. Unnie annern schüzzen weiter. So has hieä wenichsens Vollbeschäffigunk. Abers, allns was rech is, du lerns was aus den Venske seine Stänkerei. So is den Henri Regnier nich 'n unstännich beschäffichten Schauspieler in Filme vons bayrische Fähnsehn, wo dich die Füße bei einschlafen – nee, du, das is 'n Haupabteilunksleiter in Enn-Deh-Err. Un sacht, den Venske beschnippelt sie ihr büschen Freiheit. Sie ham ihr, meint er. Abers wenn sie ihr sich nehm, issie bald flöten.
Für den Regnier is Freiheit as wie Etombombe. Scheden möchte ihr ham. Abers den annern dahf sie nich gebrauchen. Venske is nich den Bomber der Natschon. Das sagen alle,

die da über zu sagen ham, ob du bei uns was sagen dahfs. Das is schedoch nich den einzigen, den unsenein an ein unrechen Plazz glauhm tut. Du, Macker, Kollege Redaktör, da ham sie ein Programmdirekter Räuker, das is 'n Schenie! Den brauch bloß 'n Lied zu hörn, un weiß furts, obbes gegen die Vefassunk is oder nich. Asso, da schnacken sie von Spahprogramme un so, abers da vesauät ein Schenie, das alle Bunnesvefassunksrichchers un Senate durch 'n Einmannbetriep ersezzen kann.
So gesehn hattas Buch vonnen Venske auch was Positifes. Es zeicht gans doitlich, wen sie statt ihm einspahn könn. Un das is 'n großen Haufen, Dutt, Barch, viel! Da kanns auf ab.
Da ischa den Albrech mit seine krißliche Hausmusik ein reinen Segen gegen. Bei Musik kanns scha denken, was du wiss. Gedanken sünd ins allgemeine je noch nich zu verweckzeln mit den Venske seine Wohte.
Un die Gedanken sünd frei, Macker. Das heiß, noch! Nich? Bis sie Klapparatismusse erfinnen tun, wo sie unse Gedanken mit hörn. Un denn kriegen alle wieder Ahbeit, die nu fliegen. Die gansen Intendantens, die Haup- un Apteilunks- un sonstige Leiters. Die vewalten denn unse Gedanken. So, assie nu den Venske wechvewaltet ham. Nu komms du!

Vonnie Pedderatuä

Öih, Macker, »Du«, sach ich zu mein Natalje, »Erssen Mai, dascha nich bloß ein bezahlten Feiertach mehr. Erssen Mai heischa nich aussen Vauweh steigen un denn statt Trimmdich innen Pahk 'n lütten Demonstratschonsmahsch machen un dich bei die Mairede die Beine in Bauch stehn. Nöö, den erssen Mai as sochchen is viel mehr. Da steck noch ganz was anners achter.« – »Süh so«, sacht Natalje, »grade das, mein liehm Kuddl, das soll mir ma velangen.«

»Höä ma zu«, sach ich, »brauchs bloß ma an Passer Klappstein sein Konfirmatschonsstunne – damalige Zeit – denken. Was sachte schon Passer Klappstein unner anneres ganz richtich? Ihm sachte: In Schweiße von deine Füße soss dein Brot essen. Wen nich ahbeitet, soll auch nich essen. Man soll, sachte ihm, den Ockzen, den da dreschen tut, das Maul nich vebinnen. Denn, sachte Passer Klappstein, die Lezzen wern die Erssen sein. Kuk, Natalje, *das* is erssen Mai.«

Natalje sacht: »Abers es ischa woll an dem«, sacht sie, »dassa 'ne Masse Loite kein Schweißbrot essen, indem sie Trockenpudä gegen Schweißkwanten ham. Sie essen as ahbeitslose Playbeus in Schettsett – oder assas heiß – ihr belechtes Brot. Für das du, mein liehm Kuddl, ganz schön fix ahbeiten muß. Dafüä kriss denn as Ockzen in Betrieb das Maul vebunnen. Mittels MAD un Vefassunksschuzz. Unnie erssen sünd die Mikroprofessoren. Wen die die Ahbeit wechnehm, die sünd das Lezze!« Nu komms du.

»Nu tu ma nich so«, sach ich, »as wenn die da ohm – so schlankwech mich nix, dich nix – mit uns machen könn, was wiss du. *So* isses scha nich mehr, mein Schieter, mein Gold! Kuk, wir ham *nich* die Dicktatuä vonnas Prolletarjat. Abers wir ham auch nich die Dicktatuä vonnas Kapptal. Wenichsens nich so direktemang. Indem wir da den Daumen auf halten.«

»Ach nee«, sacht Natalje, »machen die da ohm die Bude dicht, oder mach ihr das? Hap ihr den freigesezzen Sezzer erfunnen? Drück *ihr* den Drucker annie Wand? Biecht *ihr* die Werfahbeiters das Fliegen ohne Flügels bei? Ich glaup meiss, ihr hap den Daum nich da auf. Ihr hap den Daum da mang. Denn hoite isses scha keine Kuns un ahbeiten. Hoite isses scha die Kuns un halten deine Ahbeit fess. Sons kriss – ruckzuck – 'n Pedd in Mors un fliechs auffen Ahbeitsmahk.«
»Siehste«, sach ich, »siehste, da hassas Thema je beim Wickel. Un hieä kanns unsen Daum sehn. Asso – ohm pedden un unten in Mors gepeddet wern, Natalje, da sünd wir von ab. Frühere Zeit, innie Diktatuä vonnas Kapptal, da peddete die Direkschon *mir* noch. Abers hoite, hoite isses ein annern Schnack! Hoite ham wir den Sozealplan erkämf. Hoite vehanneln wir da über, wen vonnie Kollegen wieviel Apfinnunk, Übägangsgeld un so zu kriegen hat. Dascha woll was anners, as in Mors gepeddet wern. Oder?«
»Dascha woll wah«, sacht Natalje, »bloß innie Zoffjetunjon muß die Direkschon die Ahbeiters noch selps in Mors paun. Ihr, Kuddl, ihr hap die Direkschon bezüchlich das Pedden ahbeitslos gemach. Ihr peddet euch selps in Mors.« Nu komms du.
Natalje sacht, Macker, wir ham mit düsses die Pedderatuä des Proletarjats äfunnen. Sie sacht, daß 'n Pedd in Mors 'n Pedd in Mors bleim tut. Da hilf kein Pudän un kein Schminken. Auch nich, wennu vorher 'n Kissen achtern innie Büx geschtopp gekrich has. Natalje sacht: »Wennu dir das genau ankuks«, sacht sie, »denn ham sie innie Zoffjetunjon die Diktatuä des Prolletarjats *vebunnen* mit 'n Pedd in Mors vonnie Direkschon, nich? Un ihr? Ihr hap die Hääschaff vonnas Kapptal *vebunnen* mittie Pedderatuä des Proletarjats. Kuddl, die Emfänger seid ihr in schedem Fall.«
Asso, Macker, nu man ganz da von abgeschnitten, daß bein Pedd in Mors 'n Kissen innie Büx besser is, as kein. Dascha nich den Punk as sochchen. Mir soll nu mal velangen, ob den

Mairedner – den da ohm von Veband – auf ihn 'n paa Reihen sagen tut. Denn – bezüchlich düsse Pedderatuä as sochche – da muscha ma ganz klah innen Raum gestellt wern: Wenn schon gepeddet wern soll, nich, denn WIR DIE. Un denn, Kollege, denn wern wir die da ohm ma zeigen . . . du, Macker, sach ma, sizz da ein von Vefassunksschuzz zu lauern . . ?

Vonnie Faktorns

Öih, Macker, du, mein Natalje wa bös innie Faht. Un wa'um? Wegen den Obermacker vonnie Zeitungsverlegers. Asso, düssen Kollegen hat gesach, es ischa nu ma das Bittere annen süßen Fohtschritt, dassie Sezzers un Druckers fliegen, wennie modähne Technik maschiät. »Kuddl«, sacht sie, »Kuddl, has du Töne?«
Tschä, Macker, ich hab scha gesach, daß ich da wenich zu tönen hap. »Dascha ümmer noch so, as damalige Zeit«, sach ich, »bei Druck un Papiä komp das dicke Ende ümmer zuers. Wenn *die* hoite eingeseif wern – technologisch gesehn, nich –, denn wer *ich* mohgen mittie Sense rasiät. Ich tischlä denn nich mehr Modell; ich fotografiä denn in Keller die Briketts, oder so. Vielleich auch Luff übä die Planke schaufeln.
Kuk ma«, sach ich, »es ischa so. Die Seele vonnas Ganze ischa Gewinn, nich? Un wir, as Ahbeiters – as sochche –, wir sünd ein Kossenfaktor. Indem abers die Kossen von Gewinn von abgehn, nich, sünd wir ein Störfaktor. Wir – as sochche – sünd asso diesbezüchlich 'ne Fehlkonstrukschon. Dascha nich so, dassie gegen mir was ham; pesönlich gesehn. Nee, sie ham was gegen Kossen. Un da bün ich einen Faktor von.« – »Ich hab nur was gegen den Brummer«, sacht Natalje, »auf Sie Ihre Glahze, sachte den Mann un haute den annern 'n Hammer vorn Scheddibredi!«
Ich sach: »Un es ischa wegen mir as Faktor«, sach ich, »gahnich die Frage, die in Raum stehn tut, ob ich noch Töne hap. *Die* bringen miä die Flötentöne schon bei. Die Faktorns as sochche, die bringen Druck un Papiä so in Druck, dassie knapp 'n noien Vetrach zu Papiä kriegen. Das sünd keine noien Töne. Das is allns noch so as früher.«
Natalje wollte schtantepeh 'ne Akschon Eichhörnchen stahten. »Wen weiß, wassa noch allns achterankomp«, sacht sie,

»denn gibb dascha woll 'n Generalschtreik wegen Druck un Papiä.« – »Nöö«, sach ich, »da denk man nich an. *Das* is nu nich mehr so as früher.« – »Auch nich«, sacht Natalje, »wo sie dir mit 'ne Sense rasiän und dein nohdischen Dööz in 'n Kinnerpo vewanneln wolln? Dascha 'n Stück aussie Dollkisse.«
Ich sach: »Da mussu noch 'n paa Faktorns innie Pupille behalten«, sach ich. »Frühä, da hatte die Gewerkschaff 'ne Kasse. Das wa unse. Un die wa für 'n Schreik. Un hoite? Hoite ham wir 'ne Bank. Sie hat die Kasse, un sie gehört die Gewerkschaff. Über düsse Bank«, sach ich, »sünd wir von Stöhr- un Unohdnunksfaktorns, so von achtern duchche kalte Küche, zu ein gesampwirtschafflichen Ohdnunksfaktor geworn. Nu komms du!«
Da hat Natalje gesacht, sie as Ohdnunksfaktor – asso, ihr as sochchen, nich –, ihr täte ersma mit den technischen Fohtschritt as sochchen das Zeitunkswesen orndlich ohdnen. Ihr will alle Zeitungen üba Fähnsehn machen. »Die frischen Dooten«, sacht sie, »kanns je auffe Mattscheibe serviät kriegen. Un denn will ich nich bloß lesen, zun wievielten mal den pollitschen Gemischtwarenhändler, den Wischnewski, heiraten tut. Ich will auch wissen, wen nu die Lieplinksfrau von Ackzel Springer is. Un auf wechches von seine Gütä ihr nu die hooge Reitschule beigebogen kricht.«
Nu hör ma zu, indem das Fähnsehn aus öffentliche Häuser – oder so – bestehn tut, solln alle Zeitunksfrizzen da rein. Un wir, wir drücken blots auffen Knopp, un – bummsdi – ham wir die Zeitunk, die wir wolln. Zu 'n Aussuchen. »Kanns allns ham«, sacht sie, »von Polletik für Blinne un für Loite mit Gedächnisschwund – hergestellt vonnen Staatssekretär Bölling –, bis zu Polletik mit 'n Brett vorn Kopp, schwahz-weiß-rot-karriät – abers gans lütt, mit Rücksich auffas befroindete Ausland – gemach von Dregger und Strauß, kanns allns kriegen. Brauchs bloß den Knopp drücken. Auch die Zeitunk für Kurzsichtige«, sacht sie, »wird da hergestellt. Denn läuf

das Blut nich vonnie Papiäblätter, sonnern vonnie Mattscheibe runter. Scheden Tach 'n paa Mohde für die Familjenschtunne. Ma as fröhliche Unterhaltunk. Ma as Staatstragödje. Damit spahn wir denn noch die Verlegers ein. Sie ihr Einkomm ischa auch 'n Kossenfaktor!« Nu komms du!
»Hör ma zu«, sach ich, »*das* geht nich. Das is auch noch so as frühä. Unnernehmers, Natalje, die dürfen uns – un sich – gegenseitich auffressen. Abers du, du darfs ihr nich überflüssich machen. Kuk, wenn sie uns as Faktorns technisch entstören, denn is das hart, abers gerech. Wennu Unnernehmers abschaffs, denn gehs direktemang die Freiheit *von uns alle* annie Wäsche.« – »Kwatsch«, sacht Natalje, »wenn *du* 'n Kossenfaktor büss, *die* auch. Nu komm da nich mittie Freiheit mang!«
Kuk, Macker, mein Natalje will un will es nich in Kopp, daß sie ihre Freiheit, *uns* zu vekaufen, was *sie* wolln – uns unter unse Zimmerlinde so zu veklappsen, as sie das wolln –, tschä, dassas ehm das Funnament von uns alle ihre Freiheit is. »Sonn Käse mit Fransen an glaup ihr?« sacht Natalje. Ich sach: »Frühere Zeit«, sach ich, »asso, as Unohnungsfaktorns – nich –, da ham wir da nich an geglaup. Abers hoite . . .«
»Tschä«, sacht Natalje, »denn müssen wir woll ersma bei un machen 'ne Bank, die unner die Gewerkschaff steht. Un denn 'ne Kasse, die euer is. Un denn, denn kriegen wir duch Knopp die Zeitunk, die wir wolln!« Nu komms du!
Macker, ich glaup meiss, mittels den technischen Fohtschritt as sochchen wird die Unohdnunk innen Ohdnunksfaktor ümmer größer. Da geht noch den lezzen Ress vonnas alte Preußen innie Grabbel bei: die Dissiplin innie Gewerkschaff. Die fangen an un denken selps – so as mein Natalje . . . Denn bis abers, warraftich, wieder 'n Störfaktor.
Da kanns auf ab!

Vonnas Geheimnis

Öih, Macker, asso, du, das schreip dir ma in Gesangbuch: Es is nix geheim zu halten. Es is – erssens – nix so fein gesponn, es komp – zweitens – doch ans Lich der Sonnen! Und denn innie Zeitunk. Mein Natalje sacht, dassas völlich richtich is.
»Wenn die DDR«, sacht sie, »durch ihre Spione sowieso alles über uns weiß, seh ich nich ein, wa'um ich – as Steuerzahler, nich – auch alles wissen soll. Wenn wir schon nich mehr singen dürfen, könn, wolln: Doitschland, über alles! – denn will ich wenichsens *in* Doitschland über alles Bescheid wissen!« Nu komms du.
Asso, Macker, einklich wunner ich mir scha über gah nix mehr. Abers mir wunnert doch die Spionasche bei den CDU-Bunnestachsabgeohdneten Marx. Es ischa bekannt, nich, dassie innie DDR in Marx in rumforschen. Wenichsens so weit, as die SED noch mit Marx übereinstimmen tut. Abers, du, ich hab nich geahnt, dassie das auch bei *den* Marx machen, den Werner mit Vornahm heiß. Un dassie da noch Geld für ausgehm! – bloß um rauszukriegen, was in den seine paa Gehirnwinnungens so vor sich gehn tut! Das hätte ich sie für'n halben Preis – un schlankwech aussie Lamäng – auch sagen könn. Da gehöät nich viel zu! Abers unsenein frach je keinen.
Was mit den CDU-Marx los is? Das frachs du noch? Is doch auch kein Geheimnis! Hunnätfuffzich Schahre nach das Erschein von das kommenissische Manifess süht den Kollegen ümmer noch Gespensters. Ihm sieht das Gespens des Kommenismus umgehn in Europa. Dabei isses hoite längs in China! Bei uns hattes den Alterstatterich! Natalje sacht: »Die böbersen Macker in Kremmel«, sacht sie, »stehn doch schon mang Altersschwäche un Scheintod. Mit die ihr Alter bischa bei uns selps für das Europa-Pallament zu alt für.«
Abers, Macker, wenn auch *alles* ans Lich der Sonnen komp,

denn gibb das immer noch ein Unnerschied innie Differenz. *Was* komp davon innie Zeitunk? Un is der Pup auch noch so fein gesponnen, nich scheden erblick in *Bild* das Licht der Sonnen!
Nehm wir bloß ma Willy den Erssen seine zweite Scheidunk. Steht in *Bild* in. Von Ackzel Zesahr seine dritte Scheidunk stand in *Bild* nix in. Un nix da'über, wen nu grade seine Lieplingsfrau is. Dein Prifatlehm is nur denn prifat, wenn du auch die Zeitunk in Prifatbesizz has. Ansonssen vebreitet *Bild* scheden Klatsch un Tratsch. Bei Not an Mann erfinnet es ihm noch selps.
Klah, Macker, scheden soll in seine Hose machen, was er will. Ischa ümmer mein Reden gewesen! Mir stört je bloß, daß *meine* Büx nich prifat bleip. Abers, da nun ma von ab, steh ich scha auf den Standpunk: Wen nachie ersse Scheidunk nochma heiraten will, den gehört nich auffas Stannesamp, sonnern beim Nähvenahz. Brauchs mein Natalje nix zu sagen von. Ihr nimmp so was ümmer gleich pesöhnlich.
Haupsache, Macker, ischa, daß Willy un Ackzel Zesahr nich 'ne Ossagentin innie Finger falln. Komp das raus, wackelt den Staat ma wieder bis innie Dachluken. Weil den Ossen ernoit ein Geheimnis weiß, was bei uns sowieso scheden kennt.
Asso, Natalje sacht scha, inne Bildzeitunk drück sich die alte Klassenhääschaff noi aus. Sacht sie. Kuk, damalige Zeit wurden wir von Großgrund- und Kleinhirnbesizzer verklappst. Un hoite, da ham die sich auf Großbanken un Großzeitungen geschmissen. Hoite machen die uns mittels Druckerschwähze was weis. Un sie brauchen sich nich ma verstelln, wenn sie so dösich sabbeln, wie sie meinen, daß wir es sünd. »Die tun nich bloß so«, sacht Natalje, »die sünd so dösich.« Abers, dascha auch kein Geheimnis. Kuk dir blots den Kahssens an. Den hat je schon vor seine ersse Ampszeit 'n schlechteres Gedächnis gehap as den ollen Lübke ans Enne von seine zweite. Abers dascha auch kein Geheimnis: Vom Erhabenen des Amtes bis zum Inhaber is nur ein Schritt.

Oder, wenn sie nach schede Ölpreiserhöhunk bölken: Wir brauchen Etomkraffwerke! As wenn unse Autos mit Atompillen un nich mit Benzin fahren!
Un den Stoltenberch, nich, den stellen sie in *Bild* nich bloß as ein Berch, nee, den stelln sie as ein pollitisches Gebirge vor. As 'n Schimborasso des Nohdens! Dabei isses scha kein Geheimnis, daß den Stoltenberch innie Polletik das is, was die nohddoitsche Tiefebene innie Erdkunne is. Den will Gleichheit, du! Scheden Doitschen seine Akte beim Vefassunksschuzz, scheden sein Radio, scheden die dazu gehörende Aktifetät. Den Macker kricht Profil – assie so sagen –, indem ihm konsekwent bei Helmut den Erssen seine Fehlers bleip. Un bleips du nich auf Lienje fein, klopp die Polente dich die Rübe ein!
Natalje sacht: »Das is Aufreizunk, Kuddl«, sacht sie, »das is veboten, Mensch, un wird bestraf.« Macker, nu komms du! Ich wollte nich zu Mitleid un Tränen über Staat un Gesellschaff aufreizen! Wie komm ich dazu? Bezüchlich düsse beide sünd wir doch über alles innie Welt. Dascha auch kein Geheimnis! Sagen die da ohm doch alle Nääsdrüppel lang.
Den Justizminisser Vogel, nich, den hat bei uns glattwech bei die Not ihr Stattfinnen veboten. Not un Elend gibb das bei uns nich! Sacht er. Mit die ganse Autorität vonnas Strafgesezzbuch in Rücken. Die zichdausend Ahbeiterwitfen mit weniger as 600 Mahk in Monat, die geht es damit woll prima? Wie soll ich denn woll beikommen un zu Mitleid aufreizen? Wenn in Doitschland *so* die Not abgeschaff wird, denn steht dich, as Bürger, nur noch die Notdurf offen! »Un wenn dich da das notwennige Krepp-Papiä fehlen tut«, sacht Natalje, »so hascha ümmer noch *Bild!*«
Nu komms du!

Vonnie Heimat

Öih, Macker, assu woll weiß, is mit des Geschickes Mächchen keinen Lottobund zu flechchen. Sons hätten wiä alle ein Zwölfer un krichten nix dafüä. Es ensprich die Leissunksgesellschaff, daß 'n paa mit die Milljons übän Hahz gehn un wir annern nix kriegen. Was wir vorhäer schon hatten. Unnie Mackers mittie Milljons das wahn ers die Dümmssen. Un das issie Besizzstandswahrunk! Indem die dümmssen Bauern die größten Kahtoffels kriegen. Unnu gehöän sie zu unse Leissunkselite, indem sie Zaster ham. Bei Leissunk geht das nich nach Vediens, da geht das nach Vemögen.

Uns größtes Vemögen is unse Heimat! Sie gehöät uns alle. Ihrn heiligen Boden müssen wir alle veteidigen. Aber blots 'n paa von uns dürfen ihm väsilbern. Da'um sünd alle Heimatvetriebenen annas Selpsbestimmunksrech interessiät, das einige von ihre Führers, hieä bei uns innie Fremme, für sich schon versilbert ham.

Ich bün auch füä das Selpsbestimmunksrech. Nich weil ich meine Heimat veloän hab, sonnern mein diesbezüchliches Rech an mein Natalje. Den Passer hat gesach, ich soll ihr Hää sein. Aber auf das, wassie Kichche sacht, da kanns dir auch nich mehr auf velassen. Auch mit allen Kichchenmächchen is kein Männerbund zu flechchen! Bezüchlich das Selpsbestimmunksrech, da ham wir Ahbeitsteilunk. Ich hab mir selps. Un mein Natalje das Bestimmunksrech.

Aber, wen weiß, vielleich kriech ich scha übä die Heimatvetriebenen auch mein Selpsbestimmunksrech innie Ehe trüch. Nich? Ich asso mit mein Kollegen Kaminski, den scha aussie kalte Heimat stamp, los zu 'ne Vetriebenenkundgebunk. Innie Oosseehalle. In Kiäl.

Unten standen alle, die füä die Selpsbestimmunk sünd. Ich auch. Ehm alle, die sons nix zu bestimm ham. Oben auffas

Podjum saßen die Mackers, die in den Kamf füä dasselbe wenichsens Ministers, Staatssekretäre un Bunnestagsabgeohdnete geworn sünd. Die ham wenichsens übän paa Sizzgelegenheiten selps zu bestimm.
Die Kollegen vonnas Podjum stellen die Vöäschnacker. Dassas nich blots 'ne Heimat gibb, nee, das gibb auch den unveräußerlichen Rechsanschpruch auf ihr. Es komp nu blots da auf an, denselm gegen die Loite duchzusezzen, die nu da ihre Heimat ham, wo die annern ihre Heimat hatten.
Mein Kollege Kaminski sacht: »Äijentlich is nuscht los«, sacht er, »die annern ham unse Häimat, un wir ham den Rechsanschpruch. So hat jeder säinen Täil!« Nu komms du! Die Redners auffas Podjum wahn abers mitnichchen den Kaminski seine Ansich. Sie sachten, dassie velorne Heimat unverlieäbah is, un mittels einen Rechsanschpruch in Sinne vonnas Völkerrech auffen Wech durchchie Selpsbestimmunk – das Mittel vonnie Bunneswehr ausgeschlossen, so lange alles friedlich is – asso, in eine fähnere Zukunf, die direktemang voä die Tüä stehn könnte, nich, asso, wiedergewonn wern könnte! Nich? Oder so ähnlich.
Das wa so ähnlich, as wennu ein Klümp aussie heiße Suppe holn soss, un den Schleef is 'ne Gabel ohne Stiel un ohne Zinken. Kaminski sacht: »In unse ahlte Häimat«, sacht er, »ham wir auf so was Schäiße jesacht!«
Aber, Macker, du machsas glaum oder nich, was füä Kaminski »Schäiße« wa, das wa füä die Redners ihr eigentliches Element. Sie sollten ihr bloß ma ranlassen annie Selpsbestimmunk, ham sie gebölk. Un wir alle bölkten: Bravo! Denn das ischa unsen Schnack seit eh un scheh. Selpsbestimmunk! Abers sie lassen uns man nich an ihr ran annie Selpsbestimmunk. Auch mein Natalje denk da scha gahnich an. Sie will bloß selps bestimm.
Abers die Redners sachten, nich, asso, bis die Gabel ein Griff un Zinken kricht, un bis aussie Gabel eine Schöpfkelle wern tut – asso bis dahin, was abers bestimp ma passiät, nich –, bis

dahin muß die velorne Heimat unveliärbar sein, indem wir nich anerkenn, dassie unveliäbare Heimat velorn is. Nich anerkenn, Macker! *Das* isses!
»Na, was mäinst?« sacht Kaminski, as wir mit unveliäbare Rechche un nix sons inne Hand ausgestattet voö die Halle stannen. »Was mäinst«, sacht er, »ob ich auf das Recht äinen Kredit bei die Bank krieje?«
Ich hab gesach: »Asso, Macker«, sach ich, »*das* nich! Banken nehm bloß fesse Werte. Füä Heimat, Vaterland un so, da gehm sie nix. Da nehm sie höchssens dein Geld. Für Kriechsanleihe!«
»Schäiße«, sacht Kaminski.
»Aber«, sach ich, »wenn ich auch nich weiß, wie ich von mein Natalje meine Selpsbestimmunk wieder kriegen tu, so weiß ich schezz abers, as wie ich verhinnern kann, daß fuffzich Mahk, die ich velorn hab, daß die nich futsch un flöten sind!«
»Aber Jungchen«, sacht Kaminski, »wie willste das machen?«
Ich sach: »Ich wer den Veluss einfach nich anerkenn!«
Un Kaminski is gleich los zu die Friedhofsvewaltung. Sich 'n Ähb- un Famihljenbegräbnis kaufen. Da kanns an sehn un belehm, Macker, daß Reden bezüchlich die Selpsbestimmunk bei 'ne velorne, unveliäbare Heimat doch 'n praktischen Nährwert ham. Nu komms du!

Vonnie Uäsache

Öih, Macker, hassu noilich in Pantoffelkino belep, wie Helmut den Erssen 'n Welträtsel, wie Gewalt un Terroä, lösen tut – so in drei Minuten, schlankwech aussie Lamäng? Abers ich! Nöö, das ging nich ummen tatsächlichen Terroä, asso ummie tatsächlichen Verwunneten, Krüppels un Dooten in Straßenverkehr – nöö, da ging das nich um. Das ging auch nich um den Terroä von die da ohm, indem dassie sonne plutonomischen Schnellbrüters für 'ne kollektife Himmelfaht baun. Sons wolln sie scha vonnen Kollektifismus rein gah nix von wissen. Abers hieä soll das nu mitten Mal losgehn. Die denken woll, wen die Mittelstreckenraketens hat, den brauch sich um 'ne weitere Himmelfaht nich zu sohgen. Um düsses alles, düssen Terroä, asso, da um ging es nich. Du, Macker, das ging um Gewalt un Terroä as sochche, asso, wenn unseein ihr machen tut. Helmut weiß, wo düsse Aht Gewalt un Terroä von herkomm. Paß ma genau Obach: Gewalt un Terroä – sie kommen von ihre Dahstellunk in Fähnsehn! Sacht er. Nu komms du.
Asso, Helmut is da scha gans annere Meinung in as den Dregger. Den sacht, sie fließen ers aussie geissige Ebene, nich, un verdichchen sich denn unten zu 'ne Meschinpistole. Un da ballän denn die, die für Gewalt un Terroä gahnich für vorgesehn sünd, mit auf Pollitikers, Bankjehs un Wittschaffsbosse auf los. Die da scha auch gahnich für vorgesehn sünd. Den Dregger weiß auch, wen da an Schuld is. Ihn is da ganz annere Meinung in, as den Helmut.
Asso, den Dregger sacht, Schuld an den nich vorgesehenen Terroä sünd die Besazzunksmächche, die Unitäten, die linken Professors annie Unitäten, die linken Studentens unnie linken Regierungens. As wenn wir sonne schon ma gehap hätten. Asso, die sünd da Schuld an. Un wa'um? Die ham nachchen

zweiten Kriech alle gesacht, nich, den Menschen soll den Staat bloß denn gehorchen, wenn, asso, das Ganze, was ihn befehln tut, asso, wolln ma sagen, wenn das venünftich is. Un wen so was sagen tut, sacht den Dregger, nich, asso, den braucht sich über das, wassa denn achteran komp, nich mehr zu wunnern. Auch bezüchlich die Schuld as sochche, auch da is den Helmut ganz annere Meinung in as den Dregger. Helmut sacht auch, sie komp vonnie Mattscheibe. Das wa nich in 'ne Schuxsennunk! Wa inne Nachrichchen. Habbich doch selps gehöät, as ihn das 'n paa Intellektelle verklickern taten.
As wie Gewalt un Terroä aussie Flimmerkisse innas würkliche Lehm komm? Du, is gans einfach. Indem das nohmale Lehm so fuchbah langweilich is. Da is denn die Gewalt in Fähnsehn as wie Feffer in Mors von 'n ollen Gaul. Un wennu ihr bekuk has, denn versuchs das selps ma mit sie. Mit Gewalt wiss denn Kanehl an Reis von dein langweiliges Lehm kriegen. Da is Gewalt denn, as wie Buttä bei dröge Fische. Sacht er.
Nu komms du! Sachte mein Natalje auch. Abers ich, Macker, ich wa ersma platt. Platt as Peter Petersen sein großen Onkel, wenn ihn 'ne Straßenwalze übä die Kwanten gefahn is. Un denn, denn wurde ich so richtich fünsch, du!
Un wa'um? Weil sie allns bezüchlich Gewalt un sonne Sachen, nich, asso, da machen sie je allns vekehrt. Da wackeln Staat, Regierung unnie Pehtei von wegen die Anti-Terroä-Gesezze. Da gehn sie sich annie Wäsche, wie weit sie ein Linksanwalt innie Unnerbüx grabbeln dühfen, bis sie annie Menschenwürde stoßen. Un all sowas. Un was is? Is allns Schiet un Kanehl, allns Kwatsch. Wa'um sie sich in Pallament um rumhaun, da gehtas gahnich um. Sacht Helmut ja selps. Sie brauchen nich beikomm un vebieten dir, mit Gewalt von deine Freiheit Gebrauch von zu machen. Nee, brauchen se nich. Ham sie scha länks. Sie brauchen bloß beikomm un machen 'n Gesezz zu die Fähnsehprogramme. Sie vebieten Gewalt un Terroä ins Pantoffelkino. Die *Straßen von San*

Franzisko wern duchen Farrer Sommerauer ersezz. Un schon is Sense bei die Gewalt von unsenein.
Tun sie das? Nee, das Einfachse, das tun sie nich. Auch denn nich, wenn Helmut den Erssen es klah auffie flache Hand zu liegen hat. Sie tun es nich! Lieber lassen sie den Genscher, mit Steuäbohdwind achter die Ohrn, noch weiter nach rechs segeln. Unnu komp mein Natalje. Hör ma zu. Natalje sacht: »Bei sonne Aufklärung«, sacht sie, »muß ich ümmer an meine Lehrerin Anna Metelmann denken. Ihr sollte uns damalige Zeit seckzuell aufklährn. In Natuäkunne. Un da sacht das olle Pestühr doch: ›Dü kleine Bühne, voll mit Blütenstaub, sie krabbelt nu in dör Blume rum. So kömp dör Blütenstaub – hür – auf den Schtömpel. Dü Befruchtunk üst erfolgt. Und – söht ühr – genau so üst es bei den Mönschen!‹«
Ich hab Natalje gefracht, was sonn Kwatsch soll. In sonne große Schtunne, wo wir debei sizzen zu sehn und belehm, as wie 'n Welträtsel gelös wern tut. »Indem du bei sonne Aht von Aufklärung«, sacht Natalje, »auch sagen kanns, dassie Feuchtichkeit von die Nässe komp!« Nu komms du!
Du, die hat doch glatt gesach: »Den Helmut hat je nich ma gesach«, sacht sie, »daß Hunger von zu wenich zu essen komp. Nach den seine Meinung kriech ich Hunger, wenn ich Hunger in Fähnsehn bekuke!«
Helmut kann je froh sein, daß mein Natalje nich mang die Intellektellen war. Sie sacht: »Denn hätte ich gefracht«, sacht sie, »wa'um haute Kain sein Bruder Abel doot?« Ich sach, das steht je woll innie Bibel, oder? »Tschä«, sacht Natalje, »is abers vekehrt. Kain erschluch Abel, weil sein Lehm as Landahbeiter so langweilich wa. Und ihm hatte vorher in Fähnsehn ein Film mit viel Gewalt in gesehn.«
Ich sach: »Un düssen Film«, sach ich, »stampte aus 'ne kommenissische Produkschon.«
In düssen Momang, Macker, da wa ich voll auffe geissige Höchde vonnie bedoitenen Staatsmänners von unse Zeit. Sacht Natalje. Nu komms du!

Von Laurizz Bild

Öih, Macker, ich un mein Natalje wahn wieder bei Hein Kohlmohgen un sein Lina. Wir kenn ihr noch aussie Gewerkschaffsjugend, damalige Zeit. Hein is bei die Poss. Ihn sizz mit sein Lina in ’ne lütte Fremmvekehrsgemeinde. Annie Nohdsee. Wennes übäall in ’n Sommer regent, nich, denn kannscha auch ruhich annie Nohdsee gehn. Aber, du machsas glauhm oder nich, wir trauten uns knapp bei sie rein. Die saßen da mit so lange Gesichters rum, dassu Angs ham musses, du pedds ihr auffie Unnälippe.
Was soll denn bloß los sein? Bei die Poss is Hein unkündbah, die Kasse stimp, den Bonnscher innie Gemeinde as Voäsizzenden von Fremmvekehrsausschuß is gesichert, un Knappheitspreise füä Luff un Wind ham sie noch in petto. Ischa allns klah, ollreiht, Pilpel an Bohd, denk ich. Abers da sacht Lina: »Kuk oich Hein man gut an«, sacht sie, »so lange ihn noch an Lehm is. Das man blots ’ne Scheinblüte. Das Dörp is nu bei die Grühn. Hein auch. Abas wennas Dörp da achter kömp, daß Hein Kohlmohgen ihm grün gemach hat, un wie un wa’um ihm das gemach hat, denn – denn hängen sie ihm auf. Aufhängen tun sie ihm!« Nu komms du, Macker! Höä ma zu, du – aufhängen, das issen böös bummeligen Dood.
Hein saß da, Anzuch Hängelippe, un pulte innie Nase. Mitten Daum. Das tat ihn schon in schunge Jahre, innie Gewerkschaffsjugend, wenn ihn bannich innie Kniep un in Schlamassel war. Un denn sacht er: »Das wah scha einklich gahnich wegen die Grünen«, sacht er, »das wa scha einklich wegen Laurizz Bild!«
Nu komms du! Wegen Laurizz Bild wolln die Hein Kohlmohgen, mein bessen Froind as sochchen, aufhängen? »Dascha woll nich die Möchlichkeit«, sach ich, »wegen den Schietkääl?«

Richtich, Macker, du kennscha Laurizz Bild gahnich. Asso, ihm heiß je einklich Laurizz Kristoffersen. Abers alle sagen Laurizz Bild auf ihn, indem ihm die üble Nachrede innas Dohf besohgen tut. Scheden Pup ins Hemp wird von ihn vebreitet. Mennigesma vebreitet ihn auch den Pup ins Hemp, den da noch gahnich in is, den abers ein noch machen *könnte*, nich. Kuk, so is Laurizz Bild für das Dörp das, was unsen Meinungszesah sein *Bild* füä uns gespaltene Kultuänatschon is. Blots – das mussich scha sahgen, nich – as echchen Nohdfriesen saucht Laurizz sich allens aussie eichnen Fingers. Ihm nimmp da nich noch die Fingers von lohnabhängige Schurnalissen füä.
Hein sacht: »Ers wa scha gahnix los«, sacht er, »das wa blots an den besachten Tach as sochchen, nich, wo das Etomwerk in Brunsbüttel uns beinah alle tetal radio-ak-ti-viät hätte. Asso, beinah un hätte, nich? Abers die Macker da innas Wähk, nich, die hatten je auffen erssen Fehler mit so viele annere Fehlers auf geantwohtet, dassas wieder 'ne dootsichere Anlage wa. Asso, dassa woll den liehm Chott seinen Daum mang gehalten hatte, nich, ohnd wiä . . .« – »Kuddl«, sacht Natalje, »wir bezahln wiedä Kichchensteuä! Ab sofoht. Wen weiß, wann wiä sonn Daum ma wiedä brauchen!«
». . . ohnd wiä«, sacht Hein, »schnacken denn in Kruch da übä, dassa Südwessen Wind wa, un wassie fremmen Gässe woll sahgen, wenna sonne Wolke mittie Etome in ankomp, nich. Die velangen je glattwech die Kuätackze retuhr. Sonn Schiet mach ein scha das ganse Geschäff keputt.
Tschä, ohnd wiä«, sacht Hein, »ham denn – so nachchen fünfen Teepunsch – gesach: Die größe Dollheit ischa, daß sonne Wolke da keine Rückzich auffie Einheimischen nehm tut. Wir gehn ja mit doot! Beis Wasser innas Wellenschwimmbad kanns diä scha vor vorsehn, nich, brauchs scha nich selps in baden. Abers sonne Wolke, dascha gans was anners! Die kennt keine Kwietscher un keine Friesen mehr, die kennt bloß noch Doitsche . . .

Voä Schahrenden«, sacht Hein, »habbich gesacht, da sachten die da ohm scha, in sonne lüttsche Broschüre, du soss dich in Wolkenfall 'ne Ackentasche übän Dööz halten, nich, oder in 'n Bettlaken in einwickeln. Aber, habbich gesach, wo wiss du hieä in Dörp auffen Schtuäz all die Ackentaschen herkriegen? Un Bettlakens? Is doch mitten innie Seisong. Wern doch alle benuzz. Soss diä vielleich noch 'n Ausschlach holn oder so. Ohnd ich hap ihr denn scha auch gesacht«, sacht Hein, »asso bezüchlich die Bettlaken in düssen Fall, nich, daß den Schtaat das – damalige Zeit – bloß emfohln hat, damit ihn das Holz füä die Sähge spaht. Dein Laken is billigä, un denn geht das beis Einkuhln auch schneller, wennu dich da vorher selps in eingewickelt has. Nöö, habbich gesacht, asso, in sonn Wolkenfall as sochchen, nich, da sünd wiä alle lakatsch, elias Grabbel un übän Jordan!
Die Liebe unnie Radioaktiffetät, habbich gesacht«, sacht Hein, »sie höret nimmä auf. Loite, das geht oich so in alle Knochen, dassie aus oire Gerippe Streichholzköppe aus machen könn. Un oire Leichens, habbich gesacht, die sehn aus, as wenn ihr in Salzsäure gebadet un oich denn mit Sandpepiä apgetrocken hap.«
Lina un Natalje ham gesach, ihn soll da aufhöän mit! »Dascha nich zun Aushalten.« Ham sie gesach.
»Komisch«, sacht Hein, »in Kruch ham sie das auch gesacht, un ham sie gestöhnt, as wennas Fleisch mittachs innie Ähbsensuppe schon gammlich wa. Blots Laurizz Bild – den Mors, den – blots Laurizz Bild hat laut gelach. Un denn hatter gesach, ich vesteh von Wirtschaff un so nix von ap. Dassas 'ne gahnz saubere Enähgie is. Un wenn nich, tschä, sterm müssen wir alle ma. So was as ich, das will nu 'n Gemeindevetreter sein. Mit mir, hatter gesach, is kein Blumpott un ers rech nich den dritten Weltkriech zu gewinn. Un denn«, sacht Hein, »denn hatter noch gesach, daß ich woll ein vonnie össlichen Agenten bün, die uns as Doitsche nich gönnen, daß wir radioaktief wern.« Nu komms du!

As sich dem Entrüssunksstuäm gelech hatte, sacht Hein, nee, asso, ihm hat von seine Immunität as Abgeohdneten nich Gebrauch von gemach. Ihn hat Laurizz Bild kein vors Schott gehaun. Hein wollte schlicht gehn, ihm mit Veachchunk strafen un dabei laut ein fliegen lassen. Abers, das wurde man sonn gansen lütten Leisen. »Un das war den Anschtoß zu das ganse einkliche Vehängnis«, sacht Hein.

Unnu hat Laurizz Bild – achter Hein sein Rücken, du – gesach, daß nu scheden riechen kann, was Hein Kohlmohgen für ein Schisser is. Unnie Loite, nich, wenn sie auch nix gehöät hatten, riechen konnten ihr noch. Un Laurizz Bild hat innas ganse Dörp rumgesaustäät: »Hein Kohlmohgen hat sich bei die Sache mit Brunsbüttel vor Angs – asso, direktemang – innie Büx geschissen. Unnas halbe Dörp hattes gerochen!«

Nu komms du! Asso, Hein hatte 'ne Wut in Bauch. Da kanns auf ap.

»Tschä«, sacht Hein, »asso – umma kuäz von abzukomm, nich – an nächssen Mohgen steh ich ans Fensser – wa offen, es regnete ma grade nich – un überlech miä, dassich da bei Laurizz Bild nix gegen machen kann. Soll ich vielleich innas ganse Dörp 'ne saubere Büx voäzeigen, wa? Ohnd da seh ich doch den Kääl annen achchern Knick stehn zu lauän. Ihm zählte woll die Läuse auf meine Rosen. Denn hatte ihm wieder was zu vertelln in Dörp. Du, da komp mich 'ne Ideh. Ich den Hörer vons Telefon hoch un bölk da rein: ›Hieä bei Heinerich Kohlmohgen . . . tschewöll, selps an Apprat, Hää Oberkattestrofenstab . . .‹ Junge, du, Laurizz krichte gans lange Ohrn, ich konnte ihr bald auffie Fensserbank zu fassen kriegen . . . Ich bölk weiter: ›Nee auch doch, wassie nich sagen, nu is doch in Brunsbüttel die ganse Raioaktiffität los . . . tschewöll, noch nich gans, abers bald . . . soso, Stoltenberch will ihr mit Hellmut Schmidt seine Müzze noch einfangen . . .? tschewöll, wir ham Südwessenwind, so vieä büs fünnef . . . denn dühfen wiä die Wolke je inne lüttsche Stunne hieä bei uns begrüßen . . . tschewöll, vesteh, noch kein

Alahm gehm, Manöfer abwahten ... tschewöll, Hää Oberkattestrofenstab, sie klingeln mir denn noch ma an, ich lös denn dem Alahm aus. Tschewöll ... nöö, blots keine Pahnik. Sterm müssen wiä schließlich alle ma. Tschüss, Hää Oberkattestrofenstab!‹ «
As Hein den Hörer hinlechte, sah ihn blots noch den Qualm von Laurizz Bild seine Socken. »Ohnd denn«, sacht Hein, »denn fink das innas Dörp an zu brumm, as wenn den Imker mittie Piep mang die Bienen is. As erssen sauste Laurizz Bild ab. Innas Auto von seine Gässe. Die wahn grade am Strand. Achtern mang all die Packelasche saß seine Olle, die Trina, mit ihrn dicken Mors. Den Käfich mit 'n Wellensittich auffen Schoot. Den SS-General mittie Pension hat ersma die ganse Familje antreten un abzähln lassen. Denn rin in Vauweh-Transpohtä un ab. Hanne Biene hat den Schiet von Wagen gekipp, 'n paa Möbels mit Standuhr rauf, un denn mit 'n Treckä vor un los. Sein Frau un Kinner mußten das Vieh abtreim, Richtunk Schleswich. Asso, allns rin innie Autos, rauf auffie Treckers. Mann, oh, Mann, das wahn Hühn un Pedühn, du glaubs da nich an! Tschä, un allns auffie eine Straße.
Tschä«, sacht Hein, »un assie Vewaltunk das allns schpizz krichte un bei die Regierunk in Kieäl antellefenierte, da wa das netürlich schon längs zu spät. Da zogen sie schon mit Autos, Treckers, Schufkarrn, Ferd un Wagen über das Watt. Richchunk Büsum. Chottseidank, wa grade Ebbe. Sons wärn da womöchlich noch welche vesoffen bei. Dennie Straße, nich, die wa völlich blockiät. Laurizz Bild sein Auto wa halb in Priel gefahn un Krischan Krissianssen wa mit sein Trecker aufgebrummp un hatte denn noch achtern umgeschmissen. Un alle annern schumpen da rein. Ümmer rin in Schlammassel. Un, du weischa Bescheid, annie Seiten Gräben, Priele, Voäfluter, allns voll Schlick un Wassä ... Ein Zustand wa das, ein Zustand ... da mach ich gahnich mehr denken an.
Tschä, umma nochma kurz von ab zu komm, den Böhgämeis-

ser hat Entwahnunk gegehm, Menschen, Autos un Wagens ham sich in Laufe des Tages – so bei lütten – entknotet. As erssen hatte Laurizz Bild die Sprache wiedä. Ihn hatta rumgebölk, wassen das für 'n päwähsen Karackter is un sezzen übä sonne ernssen Sachen sonne Scheißhausperolen innie Luff. Un wassen woll fürn Vollideoten wah un erzähln ihr weiter. Aufhängen sollte man den . . . Nu komms du!
In das Dörp ham sie nu ein noies Gesellschaffspiel. An trübe Fähnsehahmte suchen sie den Täter. Denn, wenn es Laurizz Bild nich wa, as ihm je selps sacht, nich, denn muß es scha ein annern gewesen sein. Finn sie ihm, hängen sie ihm auf. Da kanns auf ap.
Denn, diesbezüchlich, Kollege, sünd die Friesen as wie echche Doitsche: Schuld an 'n Schaden hat nich die Stuämflut. Schuld an 'n Schaden hat den, den rechzeitich vor ihr gewahnt hat.«

Von Uäopa sein Noinzichsen

Ich un mein Natalje sünd los, Uäopa besuchen. Ihn hat dennächs sein Noinzichsen. Asso, nachdem wir in Sinne vonnie Mahkwirtschaff erkannt ham, daß Kinner un olle Loite Randgruppen sünd, nich, indem die einen Geld kossen un die annern ihr Äspahtes vefrühstücken, statt es innie Wirtschaff zu investiän, hat den scheweiligen Bunnespräsidenten was da über zu schammern, daß wir die Randgruppen trocken legen. Seelisch gesehn, nich? Damit is sonnen Besuch bei olle Vewandte nich 'ne Selpsveständlichkeit, nee, es is 'ne staatsbörgerliche Flicht. Du zeichs die ollen Loite, dassu ihr das nich pesönlich übel nehmen tus, dassie duch ihre Eckzistenz das Wachstum da an hinnern, uns noch weiter übern Kopp zu wackzen. Natalje sacht: »Daß den Kahssens bei ihn auftaucht«, sacht sie, »das könn wir Uäopa nich antun. Lieber gehn wir selps hin.«

Uäopa is sonne richtige dünamische Unnernehmerfiguä. Ihn wa ümmer unnernehmend un einnehmend eingestellt. As Bierkutscher hat ihn ümmer die Kneipen mit volle Fässers vesocht. Un denn fix mitgeholfen, dassie schnell leerich wahn. As einen Schurnalissen, löste ihn alle Probleme, die er selps erzeuchte. So hatte ihn ümmer Ahbeit un wa, selps bei ein leeres Pottmaneh, ümmer voll mit den Sinn seines Lehms.

Uäopa hat die drütte Frau. Die annern sünd nehm ihn glatt wechgetrocknet. Un ihn hat bloß eine Sohge. Dasser auch noinzich Schahre alt wern tut. »Denn mach ich Schlachzeilen!« sacht er. Seine Frau sacht, dasser in seine Schahre da einklich über sonne Eitelkeiten über wech sein sollte.

Uäopa sacht: »Was heiß hier Eitelkeit«, sacht er, »ich seh mein Noinzichsen in eine rein pollitische Perspektife. Ich geb denn 'ne Presseerklärung raus! Pollitischen Klahtecks!

Es muscha ersma so einige Dinge richtich in Raum gestellt wern«, sacht Uäopa. »Ich hap belep, daß Willem den Zweiten nach Holland abhaute. Zun Holzsägen. Bei Frizze Ebert seine Beähdigung hab ich die Fahne vonnen Veband getragen. Hitlers dausend Schahre un sein Selpsmohd hab ich glatt überlep. Ich hab gesehn, wie Konrad den Fuchs sich in seine eichnen Schlingen fangen tat; wie Ludwich das Kind pollitisch abmagerte; wie Kuät-Georch den Kwalmer sich in seinen eichnen Kwalm auflöste; wie Willy den Erssen über die Betten von sein persönlichen Referenten gestolpert is. Un ich«, sacht Uäopa, »ich will auch noch belehm, daß Helmut den Erssen für sein Grinsen 'n künssliches Gebiß braucht.«
»Wennu so was los wern wiss«, sacht Natalje, »denn brauchs scha nich töfen, bissu noinzich büs.« – »Ruhich, du dumme Deern«, sacht Uäopa, »du has scha nich den blassen Schimmer von 'ne Ahnung. Ich entwickel ersma die Lage. Ich hab zwei Weltkriege belep, in zwei Inflatschons allns behalten, was ich hatte. Nämlich nix. An zich Gewerkschaffskonferenzen hab ich an teilgenomm. Wir ham da über simeliät, wie die Ahbeitervetretung von ihre Machlosichkeit den richchigen Gebrauch von machen soll, damit wir von Statissen auffie pollitische Bühne zu Kulissenschiebern wern. Un denn ham wir das Themata: Die Machergreifung vonnie Ahbeiterklasse ganz konkret in Raum gestellt. So konkret, dasses hoite noch da steht. Un ihr Döösbaddels steht noch ümmer davor!« – »Asso«, sacht Natalje damang, »dasch alles nix Noies. Für so was loszuwern, brauchs nich noinzich sein. Da kriegen höchsens 'n paa Loite ein Schreck, was sie früher ma gewollt ham!«
»Kuddl«, sacht Uäopa, »sorch ma dafür, daß deine Olle mir nich dauernd damang sabbelt. Oder sie kricht ein von mir annie Batterie, daß sie mit ihrn dicken Mors aus die Strumpfhosen plazzen tut.«
Uäopa sacht: »Mein Beste«, sacht er, »ich hab zwei Weiber unner die Ähde gebrach, da wa ein Tüp bei, gegen die wa eure

Alize Schwahzer 'ne büßende Nonne. Aber die, die fraß Stacheldraht zun Frühstück.« – »Gegen die Emanzipatschon«, sacht Natalje, »da has woll was gegen, wa?« – »Nich die Bohne«, sacht Uäopa, »abers die Schwahzer soll ersma dafüä sohgen, daß schene Strofe aussas Doitschlandlied verschwinnen tut – asso, die mit doitschen Fraun, doitschen Wein un doitschen Sang. Da wern die doitschen Fraun ein Genußmittel gleichgesezz.« – »Denn bis scha doch für die Emanzipatschon«, sacht Natalje. Uäopa sacht: »Ich bün gegen unreelle Reklame!
Weiter in Tecks«, sacht Uäopa, »ich lees scheden Tach die Bildzeitung. Un weiß trozzdem ümmer noch, daß zwei ma zwei vier is. Ich lees alles innie Illusträrten über modähne Krankheiten. Un bün selps noch gesund un nohmal. Ich brauch kein Köhnlechner. So lange ich mir tächlich Kööm un Bier leissen kann. Trotz Rentenbeschiß . . .«
»Tschewoll«, bölk Natalje, »Rentenbeschiß. Das isses. Nu wirs du pollitisch. Endlich. Das gehört die da ohm auffas Butterbrot. Abers gans dick.«
Nachdem ich Uäopa mit ein Ringkamf in Sessel halten konnte – ihm wollte warraftich Natalje ein an Keks haun –, sacht er: »Es hat sich wieder ma gezeicht«, sacht er, »dassie modähne Schugend keine Zeit hat un hören zu. Sie komp sche knapp dazu, ihre eichnen Fluchblätter zu lesen. Un nu sach ich oich, was ich an mein Noinzichsen innie Presse erklärn will.«
»Chott seis getrommelt un gefiffen«, sacht Natalje.
»In düsse Presseerklärung«, sacht Uäopa, »da steht ersma allns in, was ich oich verklickert hab, nich. Tschä, un denn geb ich zu Protokoll, asso, daß keinen vonnie höchsen Bonzen da ohm es wagen soll un sezzen an mein Noinzichsen den Fuß über meine Schwelle. Ich kriech ihn bein Schlawickel un schmeiß ihn achkantich raus . . .«
»Wegen den Rentenbeschiß?« sacht Natalje.
Du, Macker, da steht Uäopa aus sein Sessel auf un bölk: »An so was hab ich mir in noinzich Schahre ehm so gewöhnt, wie

ich mir an voälaute Weiber nich an gewöhnen kann. Nööö! Aber, wenn ein von die hoogen Hääschaffen da ohm es zulassen tut, dassie inne Zeitungens schreim dürfen, daß Bier Krebs erzeugen tut – asso, daß is sonnen Ideoten, dasser bei mein Noinzichsen nix zu suchen hat.«

Nu komms du!

Kuddl as Fähnsehstah

Asso, Macker, ich geh vonnie Ahbeit nach Hause un denk so richtich an gahnix. Da umzingeln mir zwei vonnie jungschen Mackers, die die doitschen Frisöre um Lohn un Brot bringen. Den einen ballät mir auffie Schulter, dassie Platt-, Senk- un Spreizfußeinlagen innie Schuhe plazzen. Er bölk: »Mann, Sie sind richtich!« Ich sach: »Wennu düsse mittlere Köhpervelezzunk«, sach ich, »mit 'ne annere Ansich über mein Geisseszustand vebunn hättes, nich, denn fehlten dich schon 'n paa Vohderzähne!« – »Nu komms du!« sacht er.
Die beiden lotsen mir innie Kneipe, schmeißen 'ne Runne un sagen, sie sünd von Fähnsehn. Sie ham 'ne Ideh. Ich sach: »Na, denn man zu, ihr freien Mitahbeiters!« Woher ich weiß, dassie freie Mitahbeiters sünd? Ich sach: »Wenn ein bein Fähnsehn 'ne Ideh hat«, sach ich, »was soll er sons schon sein? Aussen Walden un so schallt doch bloß raus, was Springer sein *Welt* da reinrufen tut!«
Asso, die wolln die Mattscheibe nich bloß mit Mackers mit Ähbsen inne Nase bevölkern. Nee, du, sie wolln von dieselbe ein Mann des Volkes zu dasselbe saften lassen. Un ich, Kuddl Schnööf, bün den geborenen Mann aussas Volk. As Mann, nich, bün ich sonne Spizze, dassas Volk dazu noch geboren wern muß. Sagen sie.
Nach 'n paa freundliche Helle mit Korn schleppten sie mir ab. In sonne Aht Dahmsalong. Da schubsen sie mir in Sessel. Un denn ging 'ne pummlige Olle auf mir los. Nöö, wa kein Secksschuppen! Wo denks du hin? Das wa die Maske – assen Fachmann sacht – von Fähnsehschtudio. Asso, sölbige echche Dame beahbeitet meine Visasche mit Salbe, Puder un Fahbe. Ich kannte mir gahnich wieder. »Ohne das wirken die Menschen in Fähnsehn fahblos«, sacht die Pummlige. »Bei mennige Pollitikers brauch ich bald 'n Eimer von braune

Fahbe.« Du, ihr hat Nahms genannt. »Komisch«, sach ich, »grade die brauchen auch noch äußerlich braun?«
Wa? Nee! Nahmens wern schetz nich genannt. Pollitisch gesehn, ham wir doch nach fünfunviersich 'ne noie Fahblehre eingefüät. Sie beruht auf Fahbblindheit. Un soll ich bei 'ne Klage ein doitschen Richcher sagen, dasser vielleich bloß glaup, daß sein Kittel schwahz is?
Die Pummlige malt die Pollitikers, die ihr nich veknusen kann, eckstra dicke Augenbraun. Sacht sie. Damit die Loite gleich sehn, wassie von die zu halten ham. Ihr hat die Aufgabe wie die Pehtein inne Vefassunk. Sie wirk ehm mit bei die Willensbildung des Volkes.
Den Aufnahmeraum, Macker, sieht aus as wie 'ne olle Scheune. Den einzichsen Ockzen da in wa ich. Sons issie voll mit Beleuchters, Kameraleutens un Tonschpezalissen. Die ahbeiten. Un denn stehn da noch 'n paa Tüpen ganz krumm innie Gegend. Die ahbeiten nich. Sie tragen die Lass vonnie Veantwohtunk für die Sennunk.
Sonn halbes Duzzend Loite hat mit mich rumgefuhrwerk. As wie 'n Domptör, den nich will, daß sein Tiger innie Manesche einpennt. Kinn hoch, Beine anziehn, nich mittie Augen pliän, linke Schuller runter, rechte vor! Schackett glattziehn! Nu komms du! »Geht nich«, sach ich, »denn hätte mein Natalje das bügeln müssen, as wir es vonnie Vogelscheuche abgenomm ham. Das is nich zekwetsch, das muß so sein. Damit alle sehn, wie mich das mit Eugen Loderer seine Tarifabschlüsse geht.«
Die Macker sagen, ich soll frei vonnie Leber wech kwasseln. Mit die Allgemeinpläzze vonnie Pollitikers sünd sie bis unners Dach voll. Un dassas keine direkte Leifsennunk is. Wir könn ümmer apschalten un von vohne anfangen. »Dascha primstens«, sach ich, »genau umgekehrt as in Lehm.«
Un denn ging das los. Für erns. Es hääschte sonne große Stille, as bevor den Elefant sein Wassä läß. Direktemang in sie rein

sacht den einen Macker: »Guten Ahmt, meine Dahm un Hään!« Tschä, asso, dassie 'ne noie Sennereihe ham. Stimme des Volkes. Dassie ausgerechent mir gebeten ham, nich. Un ich soll mir entäußern. Zu drängende Fragen des tächlichen Lebens!

Da fracht den annern von die beiden: »Wie sehen Sie, Herr Schnööf, die Entwicklung der Gesundheitspolitik?«

»Kuhzfrissich schlech«, sach ich, »un langfrissich gut. Sogah ausgezeichnet!«

»Könn Sie das 'n büschen näher erläutern«, sacht er.

Ich sach: »Bidde«, sach ich, »wennas apsolut sein muß! Nehm wir ersma die Tatsachen. Je mehr Ahbeitslose wir ham, um so weniger traun sich die Kollegen un mellen sich krank. Je weniger sich krank mellen, um so mehr falln – bazzdich – doot um. Zweitens, die Ähze sabbeln um so lauter vonnie sittlichen Grundlagen von ihrn Beruf, je stähker die Produktschon von Medizinschtudenten steicht. Die Ähze schnacken bloß noch vonnie sittlichen Grundlagen. Asso, wir ham zu viele Medizinschtudenten.

Da aus folgert: Wir kriegen mehr Ähze bei weniger Kranke, abers mehr Doote! Da aus folgert nachchie Mahkgesezze: *Erssens,* das Einkomm vonnie Ähze sink; das erhöht, *zweitens,* die Finansen vonnie Kassen; unnie mehreren Dooten entlassen, *drüttens,* nochma die Alters- un Krankenkassen. So komp allns in Loot!

Den Ehrenberch kann je gahnich mehr velangen. Nachdem er bei die Rentenanpassung mit den erssen Teil seines Nahms unner den zweiten geraten is, wird düsses sein nächssen großen Erfolch vonnie Sozealpolletik. Es muß höchsens noch duch sogenannte flankiände Maßnahm sichergestellt wern, daß möchlichs die doot bleihm, die lange innie Kasse bezahlt ham, asso bevor sie innie selbe langen!«

As den Macker sein Schluckauf hatte, sacht er: »Sagen Sie mal, Herr Schnööf, wollen Sie damit sagen, daß wir Doitsche kein sozeales Gewissen ham?« Macker, nu komms du!

Ich sach: »Macker«, sach ich, »sozeal, nich, das wird bei uns so fett gedruck, dassu da trocken Brot zu essen muß. Wascha 'n paa auch tun. Abers auch hieä, Loite, müssen wir die nackten Tatsachen innie unverhüllte Pupille kuken. Ers komp das Wackstum, nich, un denn komm die sozealen Gaben, die wir selps bezahln. Den Menschen steht in Mittelpunk. Abers, Kollege, dascha klah, wennas Wackstum teurer wird, denn wern die Menschen billiger. Den Boden vonnen sozealen Rechsschtaat is, schurissisch gesehn, so blank gepuzz un glatt gewienert, dassa 'n paa bei in Keller rutschen. Abers die ham selps Schuld. Leissunksunfähige könn wir uns nich leissen. Unnie schungen Leute richchen sich da voll auf ein. Sie produziän keine Kinner mehr. Un dascha gut so. Indem Mikroprofessorens uns die Ahbeit wechnehm, ham wir denn weniger Ahbeitslose. Abers auch das is nich von Dauer, mein Jung. Das doitsche Volk stirp nich aus. *Den* Gefalln tun wir eine Welt von Feinde nich!«
Asso, Macker, ich denk, den plazz den Knopp von Kragen. »Wieso nich«, sacht er, »ich versteh nich ganz . . .« – »Denn isses abers höchse Eisenbahn, dassu uns langfrissige, bevölkerunkspollitische Strategie kapiän tus, Macker«, sach ich. »Kuk, schon hoite vekaufen die Konnzähne die Pille bei uns teurer as innas Ausland. Das wird konsekwent weiter gemach. Bis zu den Punk, wo es bei uns billiger is un ziehn 'n paa Görn groß. Schon hoite is die Pille bei uns doppelt so teuer as in Ossblock. Was bedeutet das langfrissich? Das bedeutet: Die minnerwertigen Rassen – zu die alle gehörn, die Anwesenden ausgenomm –, düsse Rassen schrumfen. Wegen die billige Pille. Wir, as höherwertige Rasse, wir wackzen. So wird erreich, was wir in krißlichen Geiss schon immer wollten. Bloß düsma ohne Gaskammer un so. Wovon wir ja zun erssen ma gelegentlich den amerikanischen Fähnsehfilm Hollokohs was von gehört ham. Düsma regeln wir das rein menschlich. Übän Mahk un übän Preis. Wie bei die Gesundheits- un Rentenpolletik. Was ich bei uns selber denk un tu,

das füch ich auch die annern zu. Un den Strauß statt (un) oder Schmidt . . .«
»Ton aus, Kamera aus!« bölk da ein vonnie Krummen. Den stand vor Angs plözzlich grade. Das wa den Oberhaupapteilunksleiter. Er sacht, daß ihn das dicke langen tut. Sie machen ein ausgewogenes Programm. Scheden Angegriffenen muß sich äußern könn. Da is meine Sennunk 'n Schahresprogramm. Nu komms du!
Nee, asso ehrlich, Macker, sach ma selps, is das 'ne Aht? Ich steh as wie venagelt auffen Boden des Grundgesezzes, ich steh voll un gans achter die Generallienje von uns pallamentarisch-demokratisches Vieäpeteihnsüschtem. Ich mach es nich, as unse schinesischen Froinde un diffamiä die Viererbande. Nee, ich steh voll un gans achter alles, nich? Ich bün doch nich Venske! Ehrlich steh ich auf 'n Boden un hinter alles, nich, alles! Abers sonn Oberhaupapteilunksleiter komp bei un sacht, ich steh bloß da achter, damit ich ihr besser in Mors pedden kann. Sach ma, gibb das da kein Paragrafen gegen? Oder is düsses das Stattfinnen vonnie nich stattfinnende Zensuä?
Nu komms du!

Vonnen Schtaatssenner

Öih, Macker, asso, mein Natalje will petuh nich einsehn, für was wir Schleswich-Holsteiner ein eichnen Schtaatssenner brauchen. »Bei all den Blödsinn«, sacht sie, »den übä die Wellen von Äther schweben tut, da brauchen sie *uns* doch nich auch noch für!« Nu kòmms du!

Asso, Macker, da bün ich scha ganz annere Meinung in. Grade da brauchen sie uns für. Indem grade wir mit unse Leissungen unnerbelichtet sünd. Un grade das, nich, das kann je uns Regierung an bessen klahstelln. Wir müssen endlich so scheinen, as wir sünd! Un da brauchs ein Schtaatssenner für. So muscha bei lütten endlich ma klahgestellt wern, dassie Nazis unse schleswich-holsteinische Rassenlehre in ganz verkehrten Hals gekricht ham. Wir sünd ein Volk von erfolchreiche Viehzüchcher. Denk bloß ma an all unse Zuch- un Köranstalten. Wir meinten je bloß – damalige Zeit –, dassu auch bei die Menschen nich alle Rassen, asso kreuz un kwer duchenein mengeliän kanns, wenna ein Hochleissunksrind bei rauskomm soll.

Asso, wenn ich auch zugehm muß, nich, dasses hoite – pollitisch gesehn – wichtiger as den Schtaatssenner gewesen wäre, wenn wir mittels die Zuch- un Köranstalten endlich aussas rot-weiße Hochleissunksrind un aussas schwahz-weiße Hochleissunksrind, asso, endlich das schwahz-weiß-rote Hochleissunksrind gezüchchet hätten. Jede Gesinnung ihre Rasse!

Ich mein, da müssen wir scha endlich ma hinkommen!

Abers Natalje sacht, den Schtaatssenner is auch 'ne Aht von Zuch- un Köranstalt. Da nehm sie die Schurnalissen in Zuch. Denn könn die nich mehr sonne dösigen Idehn loslassen, auf die du selps gahnich komms. Un wir, as Wähler, nich, wir können denn den Stoltenberch nich abkören. Sacht sie.

Na scha. Abers allns was rech is, asso, die von Hamborger Senner, die sünd je auch bös mit dem Stoltenberch zu Knass gegangen. Fehlte je bloß noch, dassie Korinthenkacker auf ihn gesacht hätten. As es den Wehner getan hat. Mit seine Immunität. Was scha 'ne Aht von geissigen Jachtschein is. Den ham abers unse Schurnalissen noch nich. Wenn die einen mittie Mißforke zu Leib wolln, nich, denn müssen die den Strauß zitieän. Mit Ratten un Schmeißfliegen. Asso, denn geht den sein Jachtschein auf ihr gewissermaßen über. Korinthenkacker! Wie komp den Wehner da überhaup auf? Bei uns wachsen überhaup keine Korinthen. Sünd wir vielleich Griechen? Un wie soll den Stoltenberch denn woll beikomm, un Korinthen, asso ... geht je gahnich! Bei uns wachsen höchsens Steckrüben. Un dascha woll ganz was anners! Die sollen den Wehner ersma selps vesuchen, so in ein Stück ... asso ... bevor ihm sowas sacht. Ischa, schon rein sachlich gesehn, irreführend! In höchstem Grade. Ich mein, wenn den Stoltenberch auch nich originell is, brauch den Wehner doch nich vesuchen, es auf seine Kossen sein zu wollen. Soll ihn sich doch den da aus Niedersachsen ... ihr oberes Roß ... wie heiß ihn noch? ... vornehmen – asso, un nich sich einen ümmerhin engeren Landsmann as sochchen vorknöppen!
Du, da hat doch ein von die Hamborger Lümmels den Schnullermund – früh mohgens, unner die Brause wech – zu ein Interwief geholt. Un sacht denn doch: »Hää Minisserpräsident, sünd Sie schon trocken achter die Ohrn?« Nu komms du! Was 'ne Frage überhaup! Weiß doch scheden, daß den Stoltenberch as Bäbi schon so trocken wa, dasser nich ma Windeln brauchte.
Un assie die akadömlichen Flegels bei die Brockdohfdemonschtratschon mit schlagende Aggemente die Meinunksfreiheit eingepauk ham, daß den Passer aus Bremen die Engel singen hörte, nich, da ham die aus Hamborch da so über berichchet, daß unsen Schtaatssekretär Radke – den für

aufklärende Volkspropaganna – gahnich mehr vons Telefon von wech gekomm is. Den hat an Telefon vor Protess bald Rad geschlagen. Ich mein, so was kann ja woll nich angehn! Schließlich bezahln wir ja auch noch die Telefonkossen. Da hat sich den Venske auch um Lohn un Brot gekwasselt. Zu hohe Telefonkossen!
Natalje sacht, den Radke soll Intendant von den Schtaatssenner wern. Ihn is Mediziner. Un auf Amputation geeicht. Mehr Sachvestand ischa bloß hinnerlich. »Denn«, sacht sie, »es geht nich da'um, *was* gesennet wird. Es geht scha da'um, was *nich* gesennet wird. Un den Ress vons Programm«, sacht sie, »macht den Achtersteven vonnie doitsche Schlagerinnuschtrie. Kuddl, wie heiß düssen Achtersteven, den mit die Brille, noch auf Hochdoitsch? Richtig, Heck! Den nehm wir statt den Venske!«
Asso, mein Natalje meint scha, den Schtaatssenner is Zensuä. Un das is gegen das Grundgesezz. Sacht sie. Dascha gahnich wah. Sach ich. Den Schtaatssenner schüzz das Grundgesezz. Wieso? Kuk, innas Grundgesezz, da steht in: Eine Zensuä finnet nich statt! Un nu: Mit den Radke as Intendant, mit den Achtersteven un seine Platten, un vielleich noch mit die Leitahtikels aus Ackzel Zesahr seine Zeitung für Kurzsichtige, asso, bei sonn Programm, da komp die Regierung doch gahnich ers innie Versuchung un übt 'ne Zensuä aus!
Bei das Grundgesezz, nich, wird das Gesezz von seinen Grund, asso, so von losgelöst, dasses grundlos is, nich, un daß somit keinen auf seinen Boden stehn kann, um gegen das Gesezz zu verstoßen. Wen sich nich innie Gefah von die Zensuä begibb, komp innas Gesezz ohne Grund nich um!
Unnu, Macker, mein Natalje hat schon ein Nahm für uns Schtaatssenner: His Stoltis Voice! Natalje sacht, das wa die olle Schallplattenmahke, mitten Bild, wo ein dummen Hund aufmerksam zuhörn tat, was aus sonn großen, schwahzen Trichter rauskam!
Nu komms du!

Vonnen Prifihlegjenabbau

Asso, Macker, bei lütten ischa scheden klah, daß wir alle Opfer bringen müssen. Da'um sünd wir alle dafüä, daß scheder Opfer bring. Bloß ihn selps nich. Innie Bibel steht scha: Die Erssen wern die Lezzen sein. Deswegen kriegen wir innie mahkwirtschaffliche Sozealohdnunk auch as ersse die Rentners beim Wickel. Nachdem die Pengsionen vonnie Beampen gesichert sünd, muß nu die bruttolohnbezogene Rente so gestaltet wern, dassa *netto* orntlich was weniger bei rauskomp. Natalje sacht: »Wenn alle Opfer bringen müssen«, sacht sie, »abers alles so bleihm soll, as es is, bleip bloß die Frage, bei wen duch mehrmaliges Abschneiden die Finansdecke länger wird. Un so wern die Rentners als ersse das Lezze sein!«
Nu komms du!
Aber, Kollege, das is gahnich an dem! Wir ham düssen Tanz ummas goldene Kalb auffie Rentnereier gahnich nötich. Ich, dein Macker Kuddl Schnööf, hab ein Süschtem auf ahmtlänische Ohdnunksgrundlage ausklamüsert, daß nich nur alle behalten, wassie von Rechs wegen zusteht, sonnern die annern auch noch kriegen tun, wassie nötich ham! Scheden nach seine Fähichkeiten un alle nach ihre Bedürfnisse!
Macker, das is Sozealkommenismus auf rein privatkapptalissische, individeal sozeale Ohdnunksgrundlage. Das is – gewissermaßen, nich – 'ne Sümfinose vonnas kommenissische Manifess un den Erhard seine sozeale Mahkwirtschaff. Düsma auf 'ne sozeale Grundlage.
Wo ich das Geld für hernehm will un nich stehlen? Dösige Frage! Das isses scha grade. Den Punk as sochchen, wo das Ei des Kolumbus auffes Messers Schneide stehn tut. Wir nehm da das Geld aussie Wirtschaffskrimmenalität un aussie Korrupschon füä. Sünd so bummlich ach büs zehn Milljah-

den Mahk in Schahr. Stand inne Zeitung! Un das, Kollege, is 'ne Masse Zaster. Da muß 'ne olle Frau lange für stricken.
»Natalje«, sach ich, »bei die Pollitikers unnen öffentlichen Dienss fangen wir an damit. Denn auffe Krimenalität innie Wirtschaff dahfs nich so direk auf los as wie auf gewöhnliches Klauen, Mord un Dootschlach. Wa'um nich? Indem es zusammengehäkelt is mit den Fohtschritt in Freiheit. Denk bloß ma annie Gewinne vonnie Ölinnuschtrie. Klauen is bei dir strafbah. Bei die isses mehr Gewohnheitsrech!«
Kuk, wenn die Innuschtrie die Kinner mit Blei vegiffet, denn isses peinsam für die Betroffenen. Klaust du ihr abers fünftausend Mahk von ihr Konto, isses peinsam für dir. Alles, was dir is, das gehört auch sie. Abers was ihr is, gehört noch lange nich dir. Das is den feinen Unnerschied innie Differenz von sittlichen Karackter vonnas Eigentum.
Die ein ham bloß das, wassie vedien, unnie annern kriegen nich das, wassie vedient hätten. Abers mittels das Schnööfsche Sozealrulett für schräge Piepen kricht scheden, was ihm bedahf.
Wie wir das mittas krimenelle Geld machen wolln? Nehm wir ma 'n Beischpiel as sochches!
Den Puhlein bleip Direkter vonnie wessdoitsche Lannesbank, mach sein Ahbeit für sein kahgen Lohn. Bloß die Milljon Mahk, die ihn die Razio-Baugesellschaff zugesteck hat, die gibb ihm ab. Un wassa sons noch so nehmbei abgefalln is. Für den Zaster nehmbei, du, da will ich mir verflichchen, den Ahbeitsmahk ab sofoht zu entlasten!
Wir machen da ein Süschtem aus un sammeln düsse Milljohns in einen Pott. Alle Viertelschahr wern die Milljohns verloss. Spielberechticht sünd alle Rentners und Ahbeitslose, die in Toto un Lotto nix gewonn ham. Düsse »Akschon ausgesorcht« erfolcht übä Rundfunk un Fähnsehn. Geschäffsführer von düssen Fonz wern die ehemaligen Abgeohdneten Steiner un Wienand. So sünd auch Sachvestand un die pehteihpollitische Parität gewaht.

Die Ansagerin sacht denn: »Gewinner vonnie Lockhietmilljons sünd die Ahbeiterwitwe Amalie Schwattbrot aus Drögenholm, den Frührentner Kalli Holtbehn aus Krüppeldöhp.« Un so weiter. Un so weiter. Nich? »Die Übergabe des Gelles an uns noigebackene Milljonäre erfolcht in Rahmen von eine Feierstunne ins Bunnespräsidentenpaleh. Die Fessanschprache hält Prinz Bernhard vonnie Niederlande!«
Asso, Kollege, das wirk schtaatserhaltend. Schtaatserhaltend sünd nur schene, die von Schtaate viel erhalten. Un nehmbei ham wir denn noch schtahkes Wackstum vonnie Milljonäre. Das mach sich gut innie Sozealschtatissik.
Kuk, Macker, so machen wir das auch mittie lütten Beträge. So ummie paa hunnertdausend Mahk. Un auch weniger. Das is den Fonz für sozeale Sofohthilfe. Da wird allens in gesammelt, wassa bei Behörden un Pollitikers an tächliches Kleinvieh so anfallen tut. Hieä erfolcht die Auslosunk wöchentlich. Die Gewinner kanns leider über Radio nich bekannt gehm. Die Loite wolln je auch noch ma Musik hören. Dafüä komp da denn 'n lüttes, nettes Anschreim bei. Mit den Namen des Spenners. So binnes breitesse Volkskreise an Staat un Polletik. Un, asso, gans pesöhnlich.
Ungefähr so: »Liebe Familje Tüffelknech, anbei zweihunnertdausend Mahk, auf die den Abgeohdneten Lorenz verzichet hat für die Beratung von eine Holzverwertungsfirma. Vielleich kaufen Sie sich da 'n paar noie Bretter vorn Kopp füä.«
Oder: »Liebe Familje Drögemöller, den Ministehrjalrat Meier vons Beschaffunksamp läß Sie fünfsichdausend Mahk als Heizungskossenzuschuß von uns überweisen, damit Sie in düsse schweren Zeiten keine kalten Füße kriegen. In stolze Froide, Ihre *Apokalüpse,* Firma für Mittelstreckenraketentreipstoff.«
Oder 'ne kinnerreiche Familje kricht den Urlaup auffen Bauernhof geschenk, den sons den Sachbeahbeiter für Manöverschäden gekricht hätte.

Asso, Kollege, da stecken ungeahnte Möchlichkeiten in. So kann das Bauamp von Berlin die ganse Kinnerlandveschikkung finanziän! In Mors gekniffen sünd bloß die Loite, die das Geld aussie Fibag un füä die Stahfeiterkäufe gewonn ham. Denn was da gewesen sein soll, das soll scha nich gewesen sein. Da machen die sozeal Schwachen ma wieder Neese! Aber vielleich gehm wir die einen Anteilschein. Da steht denn auf: Den Besizzer von diesen Schein hat – falls innie Bunnesrepublik den sozealen Rechsstaat ausbrechen sollte – das Rech auf eine ungestrafte schwere Beampenbeleidigung. Schon wieder 'n Privilech?
Tschä, Macker, glaups du vielleich, das geht bei uns ohne?

Vonnie Tebletten

Öih, Macker, wennu hoitigen Tachs gesund lehm wiss, denn muß du auf Essen, Trinken und Luffholn vezichchen. Ischa allns voll von Schemie. Asso, noilich hat ein vonnie Schemiebosse in Pantoffelkino gesacht: »Wir ham das Giff in Griff!« Aber vielleich isses scha auch umgekehrt. Haupsache, die Schemie hat die Sachverstännigen fess im Griff.

Unnu is mein Natalje von Teblettenfimmel erfaß, du. Da denk dir ma rein! Bei schede Tach- un Nachzeit beföhdert sie die Schietdingers mit ein gekonnten Schwung innie Speiseröhre. Noch 'n büschen so weiter, un ihr schmeiß die Tebletten direck in Magen. Natalje sacht: »Pillen sünd das Reinsse von reinen Kram«, sacht sie. »Pillen sünd konzentriäte Gesundheit! Ich könnte mich von sie ernährn!« – »Auf scheden Fall«, sach ich, »ernährs du mit die Teblettenfresserei 'n gansen fammazoitischen Konnzähn.«

Natalje sacht, ich gönn sie das man bloß nich. Abers dascha gahnich wah. Ihr gönn ich alles. Abers nich die Innuschtrie mein Geld. Denn konzentriäte Gesundheit is – as wie alle unbezahlbare Gütä – bannich teuä.

Ich sach: »Natalje«, sach ich, »es ischa die Frage, ob du mit all die Schluckerei nich die Innuschtrie gesund un dir krank machs! Du, das gibb Loite, die sagen: Tebletten sünd die Uäsache von die Krankheit, die sie bekämfen solln.«

Du, da kriechte Natalje Augen as ein paa Innuschtriekatoffel, wurde rot an Kopp un weiß ummie Nase. Sie schluckte 'n paa Tebletten gegen aufsteigenne Hizze oder so un sacht: »Ach du liehm heiligen Chott!« Asso, in sonne Lage as sochche, nich, da ruf ihr den ümmer an. Da habbich gahnix gegen. Indem wir keine Kichensteuä bezahln, is das scha wenichsens für umsons.

Auf düssen Knick in ihre seelische Antenne habbich furts auf

rumgebügelt. Kapiäs du, Macker? Seelenmassasche! Auf düsse Tuhr wolln die da ohm je auch in uns hääschende polnische Wirtschaff 'ne doitschnazzenale Ohdnunk in reinbringen.
Ich sach: »Natalje«, sach ich, »bei die schemische Innuschtrie, du, da steck noch ganz was anners achter. Die nimp bannich viel Geld. Un wofür? Womöchlich für schleichende Giffe? Kuk, hier steht: H_2O_2. Weiß du vielleich, was das is?« Natalje konnte knapp mitten Kopp schütteln. Ihr hatte wohl Schiß un veliern die Augen. Die stannen auf lüttje Stiele 'n paa Zentimeter vorn Kopp.
Ich sach: »Nich ma ich«, sach ich, »weiß, was das heißen un bedoiten tut. Abers du friß das in dir rein! Natalje, du kenns es nich, abers iss es. Denn kanns scha auch feine Leberwurs bein Schlachter kaufen!«
Du, unner düsse Aggemente wankte mein Natalje as ein Bockser in Schlachhagel. Asso, wenn ihre Grüzze in Dööz nich völlich fammazoitisiert sein täte, denn würde ich sagen: Kopftreffer! Lehmsgefährlich!
»Natalje«, sach ich, »wennu so weitermachen tus, du, denn komms nich ma anstännich unner die Ähde. Dir einkuhln in Sarch, dascha die reinsse Rohstoffveschwennunk. Du, du büss nich mehr aus Ähde gemach un soss zu Ähde wern. Nöö, Natalje, du büss von Bayer-Leverkusen gemach, un du muß wieder zu Bayer-Leverkusen wern. Deine doote Leiche komp innie Fabrik. Aus dir machen sie wieder Tebletten!«
Mein Natalje war sizzend k.o. Ich wollte ihr nu völlich umhaun, auffie Bretter legen. Wann has bei sonne Olle schon ma die Schangs? Ich sach: »Natalje«, sach ich, »denk doch ma selps. Wennes auch weh tut. Asso, wennie Tebletten so gut sünd, as sie sagen, denn brauchten wir da scha ümmer weniger von. Denn hättes du scha 'ne Gesundheit, dassu ihr fundweise verhökern kanns. Abers das Gegentum is den Fall. Wennie schemische Innuschtrie uns meinen täte un nich uns Geld, denn hätte ihr doch längs Wachstumstebletten für die

Gehirne entwickelt. Aber die ruiniät doch nich ihrn eigenen Absazz. Nee, da läß ihr lieber die Konkerrenz, die Medizin, in uns Erpanlagen in reinfummeln. Gen-Manipulatschon, Natalje, schon ma was von gehört?« – »Nööhöö!« kröchelt Natalje. Du, ihr wachte nich ma mehr den Kopp zu schütteln. Ich sach: »Asso«, sach ich, »paß ma Obach. Gen-Manipulatschon is die Wissenschaff, wie du aus die Erbanlagen von die Menschen einen Kocktehl aus machen tus. Sie nehm, wassie ham wolln, aus uns Erbanlagen raus un mixen den gewünschten Menschen in lütte Buddels zusammen. As wie bei die Kühe, kricht die Frau denn 'ne Sprizze von Rucksackbullen – so nehm sie unseein nochas lezze Vegnügen – un, bums, is den gewünschten Tüp auf Stapel gelech. Das is, pollitisch gesehn, von große Bedeutung. So hols aus alle Mitglieder vonnen DGB-Bunnesvorstand die pollitische Veanlagung aussie Erbanlagen raus, mix ihr in 'n lütte Buddel, rin in 'ne Sprizze, un erzeuchs denn einen richtigen Ahbeiterführer!
Aber so was, nich, das läß die schemische Innuschtrie die Konkerrenz machen. Dir benuzz ihr as Vesuchskarnickel. Denk bloß ma annie Kontergahnkinner!«
Du, Kollege, mein Natalje ging nich auffie Bretter, as ich wollte. Nöö, du, ihr steht auf – mit sonn büschen Watte innie Knie, abers doch, sammelt alle Tebletten samp die Röhren ein un schmeiß ihr in Schieteimer. »Da komp mich nix mehr von in Haus«, sacht Natalje.
Das, Kollege, issas Schnööfsche Röhrenembahgo. Un es funkscheniät *total!* Natalje kauf nu alles in Reformhaus. Nu is das das Reinsse von reinen Kram. Dennächs jacht ihr mir noch zus Mittachessen auffie grüne Wiese. Aber, Macker, billiger issas Ganze auf keinen Fall. Eher in Gegentum!
Asso, Macker, Vorsich bei die Seelenmassasche. Du weiß nie, wassa ans Enne bei rauskomp. Düsma bün *ich* wieder den Reingefallenen. Un ich, du, asso, ich rech mir über mein Reinfall so fuchbah auf, daß ich Beruhigungstebletten nehm muß. Nu komms du!